马校与琳·洛特

马校与戈导

戈导与琳·洛特

授课中的马校

戈导为学生们授课

授课中的戈导

授课中的马校

参加正面管教导师培训

骨干导师团队合影

受马校和戈导的影响，越来越多专业人士加入家庭教育行业

★ 爱有方家庭教育系列丛书 ★

做个放手又放心的家长

马少槟　张戈茵◎著

爱有方教育集团联合创始人马少槟、张戈茵，与你携手，直面各种育儿难题。

SPM 南方出版传媒·广东人民出版社

·广州·

图书在版编目（CIP）数据

做个放手又放心的家长 / 马少槟，张戈茵著. — 广州：广东人民出版社，2019.9
ISBN 978-7-218-13763-6

Ⅰ．①做… Ⅱ．①马… ②张… Ⅲ．①家庭教育 Ⅳ．①G78

中国版本图书馆CIP数据核字（2019）第157559号

Zuoge Fangshou You Fangxin de Jiazhang

做个放手又放心的家长

马少槟　张戈茵 著　　　　　　　　　　版权所有　翻印必究

出 版 人：肖风华

责任编辑：陈泽洪
封面设计：钱国标
插画设计：江思颖
内文版式：小玲儿
责任技编：周　杰　吴彦斌

出版发行　广东人民出版社
地　　址：广州市海珠区新港西路204号2号楼（邮政编码：510300）
电　　话：（020）85716809（总编室）
传　　真：（020）85716872
网　　址：http://www.gdpph.com
印　　刷：佛山市浩文彩色印刷有限公司
开　　本：787毫米×1092毫米　1/16
印　　张：14　　插　页：2　　字　　数：220千
版　　次：2019年9月第1版　2019年9月第1次印刷
定　　价：39.80元

如发现印装质量问题，影响阅读，请与出版社（020-32449105）联系调换。
售书热线：020-32449123

PREFACE／前言

2014年，在一个500多人出席的教育专家大型讲座现场，有专家这样说："各位家长，我只传道，不教术。所以，你们不要期待问我一个问题，我就列出A、B、C解决方案给你。你们悟道后，自己就会发明很多术……"

悟"道"的确是家长教育孩子时的首要任务，可是悟"道"又是最艰难的一件事。有的家长需要花费漫长的时间才能明白什么是"给孩子无条件的爱"，而孩子的成长却不等人。对大多数家长来说，等悟出"道"来，可能孩子都长大了。

2015年，在一位心理学大咖的课堂上，有一位家长提问："老师，请教您一个问题。我如何才能在督促孩子做作业的时候，控制好自己的情绪？我一督促孩子做作业，我就会情绪失控。"老师是这样回答的："你的首要问题不是控制自己情绪的问题，而是界限的问题。你最应该优先处理的是，如何做到不再督促、控制孩子，想清楚做作业到底是谁的责任，放手让孩子管理自己才能帮助他形成自主性……"

可以说，这样的回答从"道"上看是百分之百正确的，但是真的要不再督促孩子做作业，100个家长里面可能有99个会说"做不到"。因为，面对孩子的作业和学习，家长的焦虑是真实的！

近年来，不少家庭教育的专家写文章抨击"术"。但其实，绝大多数的家长都需要从"术"开始，才可以缓解自己的焦虑情绪，慢慢才能悟"道"。作为家庭教育指导者，我们需要看见家长、无条件接纳和鼓励家长，允许家长小步前进，唯有这样，家长才能做得到回家看见孩子、无条件接纳孩子、给孩子足够的自由。

大多数的家庭教育理论都期待家长能够一点就通，立马悟"道"，但最后有多少家长能够做到呢？其实，对于大多数家长而言，在家庭教育的学习上，习"术"才是最好的悟"道"方法。从知到行非常困难，先行后知则相对容易很多，然后再小步前进，逐步做到"知行合一"。我也常常这样鼓励那些学习完仍然没忍住吼了孩子的家长："没关系，我们都不是神，你以前一个月吼孩子十次，现在只吼两次，进步了！"

上面的道理，我是在辅导了上千位带着问题和焦虑来学习的家长后逐步悟出来的，而这也是我和戈导（张戈茵，正面管教协会认证导师、国际鼓励咨询导师）一起合作写这本书的目的和动力所在。

本书建基于阿尔弗雷德·阿德勒的个体心理学以及埃里克森的人格发展八阶段相关理论，通过几十个真实的、生动有趣的育儿故事，从深度处理孩子的情绪开始，到帮助孩子培养优良品格，帮助家长逐步学习和成长，学会放手和放下焦虑，最后做到无条件地爱孩子。本书不求为家长解决所有问题，但求为家长排忧解疑，以接地气的方式剖析生活中常见的养育难题背后的原因，并提供既专业又实用的育儿方法。

我们希望能帮助家长在解决问题时通过习"术"逐步悟"道"，轻松掌握成为一个好爸妈的秘诀，真正做到既放手又放心，从而培养独立、自信、阳光的孩子。

CONTENTS／目录

第一章

亲子情绪处理技巧

从上百场家庭教育讲座、家长系统课课程，以及我们跟踪辅导的一些个案中，我们发现，孩子身上的很多问题都和父母的情绪及父母处理孩子情绪的方式有着直接的关系。换句话说就是，父母的情绪及处理孩子情绪的方式决定了孩子一生的情绪和情感。

父母若无法正确管理自己及应对孩子时的情绪，经常以发脾气、指责、批评、抱怨的方式对待孩子，通常也会给孩子的人际关系造成不良的影响。更为严重的是，这可能会让孩子的问题升级为多动症／抽动症、注意力不集中、情绪障碍、说谎等情况，甚至还可能因为烦躁或者自卑的情绪而导致厌学；另外，青春期的男孩子会因为情绪调控能力差，更容易形成网瘾和攻击行为等。心理专家们也指出，常常被情绪困扰的孩子在成年后会出现各种心理问题甚至心理疾病。

不善于管理和应对情绪的父母，对孩子的示范效应是明显的。孩子从父母那里学到的情绪处理方法，要么是只顾自己发泄，要么是以忍受或麻木的方式来压抑和逃避自己的情绪。这些孩子在有情绪后，通常会有两种表现：一是随意发泄出来，伤害别人，最后导致别人排斥他，致使人际关系出现问题；二是用生命力来压抑情绪，蔫蔫的，没有活力，使成长和学习受到干扰（如果孩子情绪太多、内在干扰太多，生命力就会过度消耗，这就意味着孩子不能用他所有的生命力来学习、行动、与人交往、调整自己、得到自己想要的东西）。

开篇谈到这些内容，主要是为了引起家长们的重视：关注情绪是教育好孩子绕不开的大课题！作为家长，你可能还没意识到，自己的坏情绪及对孩子情绪的错误处理方式会对孩子的一生造成极大的影响。情绪安全对于孩子而言，其重要性远远超出我们的想象！家长在情绪方面下多大的功夫，孩子将来就有多大的幸福。

人类的基础情绪大致可以分为喜、怒、哀、惧四大类。每种情绪都是一种能量。当情绪来了，能量就需要流动起来，因为它不会凭空消失。情绪也没有对错，虽然有人把情绪划分成"正面"和"负面"，但这只是代表情绪带给我们的感受是舒服的或者不舒服的，而并非对错。

本章我们将对四种基础情绪逐个进行探讨，进一步学习如何跟孩子深度共情，回应孩子快乐的"陷阱"有哪些，如何用"同频共振"的方式回应孩子的快乐，回应孩子的悲哀该怎么做，家长"救火（怒火）"与"防火"的有效方法有哪些，孩子说怕黑、怕魔鬼、怕怪兽……该怎么办等方面的内容。

归根到底，家长应该先学会正确处理情绪，这样才能解决问题。如果父母掌握并积极践行这一章介绍的亲子情绪管理方法，孩子的情绪能常常被看见和接纳，亲子连接就会变得非常紧密，那孩子的一生都将获益。

活用这三步，让你的孩子成为情商高手

一个人的成功与否，20% 取决于智商，80% 取决于情商。

——丹尼尔·戈尔曼

近年来，家长们对家庭教育的关注和自我学习的意识都日渐提高，相信大家都已经储备了不少的育儿知识和方法，那我们先来做一道有趣的测试题吧！题目是：你和朋友都带着孩子来聚餐，其间孩子们在一起玩游戏，突然你的孩子跑过来，大声地对你说："妈妈，东东抢了我的东西，还踢我！我要打死他！"此刻，作为父母，你对孩子的回应是什么呢？

A 类父母说："说话要有礼貌，别动不动就说要打死谁。"

B 类父母说："你要学会分享，聚会的时候，玩具就是要大家一起玩的。"

C 类父母说："妈妈看到你很生气，如果别人抢了我的东西，我也会生气的。"

D 类父母说："你是哥哥，就让他玩会儿吧。"

你的答案是什么呢？如果你的答案不是 C，你很可能是情商杀手型的家长，那么你就很需要了解以及学习本节的内容。

所谓情商，大体上体现在三个方面：一是觉察、控制自己情绪的能力；二是控制或激励自己行为的能力；三是觉知他人情绪、与人友好相处的能力。所以，顾名思义，情商与情绪管理有莫大的关系。

上述测试题的答案中，只有选择了 C 答案的家长能看见孩子的情绪，先接纳和理解孩子的情绪。家长们可以回想一下，当孩子生气或者发脾气的时候，你的话语里是否常常使用到"应该"和"不应该"这两个词？如果是，那你是否知道它们都是堵住孩子情绪的标准用词？

每当孩子的情绪和感受被堵住、被压抑的时候，孩子对他人的理解力就会被阻隔一次，他的情商就被扼杀掉一部分；反之，当家长能认可、接纳孩子的情绪，孩子就能更好地接纳和控制自己的情绪和行为。因此可以说，孩子的高情商主要源于家长！对此，家长也不需要有压力，因为要做到这一点其实并不难，待会儿就教给大家一个简单的、培养孩子情商的操作方法。

关于情商与智商对孩子未来成功的影响有多大，许多专家对此都进行了很多的观察和统计。美国著名心理学家丹尼尔·戈尔曼在这方面的研究结论或许会让很多人都感到意外，他认为一个人能否取得成功，智商只起到 20% 的作用。但是，他的另一个结论则更值得各位家长关注——很多孩子的学习问题，也与智商无关，而是因为缺乏情商的培养。

我们借聪聪家的案例一起来学习探讨，孩子的情商究竟是怎样培养出来的。

聪聪是一个七岁的小姑娘。她的爸爸、妈妈在教育孩子方面一直是自我感觉良好、自认为是育儿有方，常常将自己的经验分享给其他家长，说是自创了"红脸白脸教育法"。他们夫妻俩商定，一个人唱白脸一个人唱红脸，分工合作教育孩子：如果聪聪犯了错误，聪妈就负责唱白脸，严格管教、批评、惩罚聪聪；聪爸则负责唱红脸，就是在每次妈妈批评、惩罚聪聪后进行安抚善后的工作。由此，大家完全可以猜到，聪聪会更亲近爸爸，而不是妈妈。

聪聪和妈妈的关系一直都比较紧张。最重要的是，聪聪在学校常常处理不好与同学的关系，特别爱打小报告，还特别爱踢人。同学们都不喜欢她、孤立她，因此聪聪也不爱学习，更不喜欢上学。

聪妈说，有一次，聪聪班上同学的家长相约一起带着孩子去摘草莓，其间聪聪和其他同学因为抢工具起了冲突，然后十几个同学联合起来要孤立聪聪，聪聪愤怒地大叫，甚至想踢人、打人。

聪妈立即跑过去拉住了聪聪，然后便是一轮批评教育："聪聪，你不应该这样大吵大闹的。工具不是只给你一个人用的，你应该学会谦让。你如果不能礼貌对人，所有同学都不会再跟你玩了！"聪聪听完妈妈的这番话后，更生气了，大叫着跑开了……

过了一会儿，唱红脸的聪爸出场了。他也只是态度和善一些，其实还是在继续和聪聪讲着道理。最后，夫妻俩软硬兼施，逼着聪聪向同学逐个道歉。

这样的场景，家长们是否感到熟悉？很多时候，作为家长的我们都以为，当孩子与外人发生争执时，我们就必须灌输这些道理给孩子，教会他哪些事应该做，哪些事不应该做，自认为这样的孩子才会明事理，孩子与人相处时的高情商也才能培养起来。殊不知，事实恰恰相反，这样做只是在把孩子往反方向推！

当孩子有情绪的时候，家长的道理讲得越多，孩子的情商就会越低。这是因为一个生气、愤怒的孩子，大脑盖子是处于打开状态的，动物脑代替了理智脑，家长此时的所有说教都是在"对牛弹琴"，不但没有任何用处，反而更堵住了孩子的情绪流动。如果孩子的情绪和感受常常这样被压抑，那么孩子对他人的理解力就会逐渐被隔断。只有在家长认可、尊重孩子感受的时候，孩子才会对他人的感受有更多的理解，也才能更好地接纳和控制自己的行为和情绪。

那么，如果你和孩子也面对这样的场景，如何做才有利于培养孩子的情商呢？正面管教倡导家长学会"3A 原则"，这对于培养孩子的情商特别有帮助，不仅适用于处理孩子的愤怒，其实也适用于处理孩子的其他情绪。

"3A 原则"的第一个 A 是觉知（Acknowledge，或者是 Aware）。在孩子有任何问题的时候，家长首先得觉知孩子此刻是否有情绪，具体是什么情绪；然后要处理好情绪，接着才能处理好事情；最后告诉孩子你知道他此刻的情绪。

第二个 A 是准许（Allow）。允许孩子有情绪，告诉孩子有这样的情绪是合理的。

第三个 A 是接受 / 引导（Accept）。引导孩子采取合理的方式来发泄自己的情绪，前提是不伤害自己、他人以及环境。

其实，归纳起来就是一句话："爸爸 / 妈妈看见你很生气 / 伤心，如果别人做了什么事（抢了我的东西），我也会很生气 / 伤心的。想想看，我们可以做些什么事，让你感觉好一点？"比如上文提到的测试题，面对这种情况，你只需要这样回应："爸爸 / 妈妈看到你真的很生气，跟爸爸 / 妈妈说说怎么回事？……嗯，如果别人抢了我的东西，我也会很生气的。你要不要打打玩具熊先发泄一下？"

我们来看育儿过程中一些常见的生活场景，一起练习一下"3A 原则"，方便我们懂得如何使用这一方法。

场景一：你带着孩子在游乐场玩得很开心，因为到点了，你们必须要离开，孩子却哭着不想走。

面对这种场景，家长可以怎么使用"3A 原则"呢？这个时候家长可以这样说："爸爸 / 妈妈看到你很不开心，如果爸爸 / 妈妈在很开心地玩着的时候被迫要停止，爸爸 / 妈妈也会很不开心的。我们一起想想看，可以做些什么事儿让你感觉好一点呢？要不就再玩两分钟，然后下次我们再来玩个够，好不好？"只要你能先理解和接纳孩子不得不离开的伤心情绪，再给孩子一些选择，孩子配合离开的可能性就会更高。其中的重点在于孩子的情绪被你看见了、被你读懂了，他也就舒服一些了。当你习惯以这种方式应对类似的情况，久而久之，孩子也更能理解你的需要，并且能控制好自己的行为。

场景二：孩子正在开心地吃着雪糕，一不小心，雪糕掉到地上了，孩子难过地哭了起来。

家长这时通常会跟孩子说："别哭了，没关系，爸爸 / 妈妈给你再买一个。"有的孩子可能会执拗起来，说："我就是要刚才那个……"这个时候，你只要用"3A句式"，就可以扭转孩子即将恶化的情绪。你可以告诉孩子："爸爸 / 妈妈看见你真的很伤心，如果我正在吃的心爱的食物掉地上了，我也会很伤心、难过的。想想看，我们可以做些什么事儿，让你感觉好一点呢？我们是再买一个雪糕，还是买一个棉花糖？你来决定吧。"如果孩子还是哭，你也可以默默地陪着，一会儿之后把类似的话再说一遍。等孩子感觉好一点了，可能他就有了自己的解决方案。

场景三：你的朋友带着她的孩子到你家玩，你家孩子不愿意分享玩具给朋友的孩子玩。

如果你能这么说："宝贝，爸爸／妈妈注意到你有点担心，你是不是担心他把你的玩具弄坏了？如果我心爱的玩具要分享给别人玩，我也会有这样的担心的。你看，这个小朋友没得玩，也很难过。想想看，你可以怎么做，让你们两个都能开心起来呢？"当孩子担心的情绪被看见、被理解了，他反而更有可能大方地分享他的玩具。这比起你跟孩子讲的那些"要学会分享"的大道理，要有效得多。

很多成年人也并不擅长表达，甚至不了解自己的感受，这是因为他们小时候不被允许表达自己的感受。当一个人常常压抑自己的感受的时候，他对他人的理解力（同理心）也会被阻隔，这是因为我们的大部分行为都是潜意识基于感受做出的决定。只有我们可以认可、接纳、允许情绪和感受，并寻求可接受的方式来表达感受时，我们才会对自己的行为有更多的接纳和控制，孩子更是如此。

因此，想培养高情商的孩子，家长就需要在孩子有情绪的时候经常说这句话："爸爸／妈妈看见你很生气／伤心，如果别人做了什么事（抢了我的东西），我也会很生气／伤心的，想想看，我们可以做些什么事，让你感觉好一点？"

前面案例中讲到的聪聪很幸运，她的爸妈在经过家长课堂的系统学习之后，终于明白所谓的"红脸白脸教育法"其实是不对的。以前每当聪聪出现情绪的时候，聪妈总是一味地唱白脸，不仅堵住了聪聪的情绪，也伤害了与聪聪之间的亲子连接。

在上完家长课堂之后，聪妈开始不断地努力与改变，在聪聪有情绪时不再讲那些大道理，而是使用"3A 原则"正确地接纳和处理聪聪的情绪，同时运用正面管教"与孩子修复关系的四个步骤"去修复与聪聪的亲子关系。半年之后，聪聪爱踢人、爱打小报告的情况大为改善，和同学的关系也好了很多。因为情绪上变得放松、快乐，聪聪的学习也比之前进步了很多。

实践案例精选
理解"掌中大脑"，找回好朋友

有一天，安安对我说："妈妈，我要和小文绝交，我再也不想理她了！"

小文是安安最好的朋友之一，听她这么说，我有点惊讶。

我问她："你们俩发生什么事了呀？"

安安说："小文今天和丹丹吵架（丹丹也是安安的好朋友），我去劝架，她却冲我发脾气。虽然我们是好朋友，但她太容易生气了，这个月她已经第三次冲我大声吼叫了。我也不想理她了！"

我原以为这只是小姑娘们之间闹闹小脾气，结果，安安真的不再和小文说话了。

几天后的周日，安安在我的办公室写作业，我在旁边的教室给家长上课。下课后，在回家路上安安一直若有所思。很突然地，她说："妈妈，我决定和小文和好了。"

我好奇极了，问她："是她来跟你道歉了吗？"

安安说："不是，是我明白了，小文发脾气的时候，大脑盖子是开着的，所以她在用动物脑思考，没办法控制自己。她一定也不想这样，但她不知道该怎么办。"

我明白了，原来是安安听到我在给家长们讲大脑盖子，引发了她的思考。

我问她："你和小文和好后，下一次如果她又冲你发脾气，可以怎么办呢？"

安安说："我明天就告诉她什么是大脑盖子。如果她再发脾气，我就提醒她，你的大脑盖子打开了，你要做几个深呼吸，合上大脑盖子再说话。"

过了几天，安安告诉我："妈妈，今天小文又忍不住发脾气，我对她说：'你的盖子是不是打开了？'她愣了一下，就不说话了。"

我问："然后呢？"

安安说："然后？然后我们就一起去画画啦！"

孩子的快乐你不回应，你就亏大了

当有两个以上的人以同一节奏和频率做着同样快乐的事情的时候，快乐就会倍增，人的快乐和笑容就最会绽放。

——米尔顿·艾瑞克森

在《爸爸去哪儿》的某期节目中，小小春拿着喇叭，开心得手舞足蹈，在"啊啊啊"地喊着麦。爸爸陈小春远远地看着，突然黑沉着脸对他说："Can you shut up？（你能安静点吗？）"小小春并未意识到爸爸生气了，还用喇叭跟爸爸说："Hello？Hello？Can you hear me?（你好，你能听见我说话吗？）"他的表情很可爱，看起来像是很想跟爸爸分享好玩的玩具。这时，陈小春的怒火升级，他用手指着小小春，厉声呵道："Can you stop？What are you doing？（你能停下来吗？你在干什么？）"原本欢欣鼓舞的小小春在爸爸严厉的斥责声中慢慢垂下了头，悻悻地说了句"OK"。后来，陈小春一路上都在大声说话，小小春实在受不了，就拿起喇叭对爸爸喊道："你能停止生气吗？"

从这个场景中我们可以看到，像小小春这样年纪的孩子，他们天生拥有寻找快乐的能力，任何一件小小的事情都可以让他们开心、快乐。脑科学研究表明，当孩子感到快乐的时候，大脑会分泌一种叫多巴胺的物质，它会让人产生愉悦的感觉，将开心和兴奋传递到全身的血液中。但是，如果家长有像上述情景中对孩子的快乐总是不予回应的举动，长期让孩子生活在这样的互动体验中，孩子与生俱来的获取快乐的能力就会被慢慢扼杀，最终导致内心变得麻木冷漠，性格变得悲观消极。在这种环境中长大成人的孩子也会很容易患上抑郁症等精神疾病。

其实，我们只要能回应孩子的快乐，就是给了孩子又好又免费的精神营养品，也极大地降低了孩子患上抑郁症的几率。经常处于快乐情绪中的孩子会更乐观，更具有包容心和创新精神，也更愿意接受挑战和尝试新鲜事物。

我们都知道，想要教育好孩子，帮助孩子处理好情绪是一个绕不开的重要课题。人类的基础情绪大致可以分为喜、怒、哀、惧四大类。那你知道孩子的哪种情绪处理好了，回报率最高吗？

假设你是一位爸爸，此刻接了孩子放学，一起走路回家。走着走着，孩子突然停了下来，兴奋地跟你说："爸爸，爸爸，你快看，那只小狗好特别啊！"此刻的你会如何回应呢？

1号爸爸抬头瞥了一眼，什么都没说，又低头继续看手机。孩子可能不甘心，拉扯爸爸的衣角继续喊："爸爸，这只小狗真的很特别！"1号爸爸嫌烦了，说："爸爸正忙着工作呢。别浪费时间了，赶紧回家！"我们把1号爸爸对孩子快乐的回应方式称为"不予回应"，就是与孩子此刻开心兴奋的心情完全不在一个频道上。在这个过程中，孩子的情绪可能由开心兴奋转为疑惑和无奈，最后转为沮丧。

2号爸爸则是沉默片刻后严肃地说："你做完作业没有？赶紧回家做作业去！"我们把这位爸爸的回应称为"无关回应"。这是很多中国家长对孩子快乐的标准回应，就是无论孩子说什么，家长只问作业。因为从接孩子放学的那一刻起，他满脑子就只关心一件事：孩子今天到底什么时候才能做完作业啊？这个过程中，孩子的情绪由开心兴奋转为无奈和沮丧，最后转为烦躁。这些情绪变化可能在十秒之内就完成了，家长们因此常常抱怨孩子情绪化，却不知道这种情绪化其实是自己造成的。

3号爸爸的回应相当激烈，对着孩子大声喊道："回来！爸爸跟你说过多少次了，不要碰狗，被狗咬了是要得狂犬病的，会死人的！知道没有？"我们把这位爸爸的回应称为"反人类情感回应"，就是试图把孩子的情绪180度翻转过来，希望本来善良美好的孩子此刻必须充满厌恶。这是非常残忍的回应快乐的方式，它等同于告诉孩子，那些美好的东西其实都是危险的。这种方式不仅没有回应孩子的快乐，还"成功"地让孩子产生了很多的负面情绪，使孩子的情绪由开心兴奋转为惊讶和难过，最后转为恐惧。3号爸爸的回应也顺带着"成功"地扼杀了孩子的好奇心和快乐之心。

你知道这些回应对孩子有什么影响吗？

现代著名心理学家及催眠大师米尔顿·艾瑞克森曾经做过一个研究，观察人类在什么情况下，笑容和快乐最会绽放。最终他得出的结论是：当有两个以上的人以同一节奏和频率做着同样快乐的事情的时候，快乐就会倍增，人的快乐和笑容就最会绽放。他把这称为同频共振效应。米尔顿·艾瑞克森的结论很好地解释了为什么中国的大妈们爱跳广场舞，吸引她们的显然不仅仅是因为广场舞能锻炼身体，还因为同频共振倍增的快乐产生了大量的多巴胺，让大妈们上瘾。

那么，在四种基础情绪喜、怒、哀、惧当中，回应孩子的哪一种情绪回报率最高呢？相信你已经有答案了。幼年孩子的大脑对快乐产生的化学物质有储存和放大效应，如果孩子的快乐能得到家长同频共振式的回应，快乐就可以倍增后再储存和放大；孩子长大后，就更能具备获取更多幸福快乐的能力，这样的孩子智商和情商也会更高！

现在，我们回到上述情景中。面对孩子的兴奋，4号爸爸这样回应："哇！真的耶！它好特别哦！"这样的回应配合上专注的眼神、愉悦的表情，就会让孩子感到自己的幸福正在被接纳和被鼓舞，脸上也会写满快乐。接下来，孩子回家做功课的时候，心里依然会洋溢着快乐，学习效率也会特别高。

我有一个朋友叫小英，自小家里生活条件很好。可是她说在童年的印象中，她父亲最看不得的就是她们姐妹俩兴高采烈。父亲只要看到她们稍稍开心兴奋，一定要给她们泼一盆冷水，说些扫兴的话。比如，有一次她收到姨妈出差带回来的礼物，正开心着，她爸爸就在旁边冷冷地说了一句："你以为人家是喜欢你啊？还不是因为她要求着你爸给她办事！"在这样的环境中成长，她觉得自己已经被训练得不敢快乐了，看世界的态度永远是阴暗悲观的。她会因为朋友一个无心的玩笑纠结好几天，也会因为老师的一句批评，整个学期都闷闷不乐……青春期的时候，她还尝试过自杀，只是因为她猜测自己喜欢的人不喜欢她。我的这位朋友现在快四十岁了，更是因为曾经的成长环境导致她常常需要吃抗抑郁的药物，以此保持正常的工作生活。

据说，宇宙最神奇的力量，就是同频共振。有一个实验非常有趣，就是随意摆动一些放在一起的会发声的钟摆，一开始它们的摆动杂乱无序，很快它们就像是有心灵感应，有的会加速，有的会慢下来，最后全部都按照同一个频率摆动，并发出整齐的声音。同频共振是世界上最强有力的纽带，能将万物相连。

因此，用同频共振的方式来回应孩子的快乐，是非常重要的事情。我们要把自己的频道调到跟孩子的一样，努力体会、感受孩子快乐的状态，说出孩子当下的快乐感受。如果父母可以做到这一点，孩子的快乐就会放大甚至倍增，父母也能与孩子建立更好的亲子连接，从而让孩子在爱与幸福的环境中成长出一份健康的心态。

现在我们知道用同频共振回应孩子快乐的重要性了。这里布置一道难题考考你——当你的孩子玩 iPad 游戏通关了，他兴奋地跟你说："妈妈，我过关了！"此时此刻，你想说什么？做什么？

同频共振回应孩子的快乐

- 哇，看起来你很开心哦！
- 太棒了！你是怎么做到的？
- 你一定为自己感到骄傲！
- 谢谢你和爸爸 / 妈妈分享你的喜悦！

实践案例精选

孩子喜悦的情绪也要处理

有一次，我跟多美玩追赶的游戏，我们俩最后都累得气喘吁吁，一起坐在地上大口喘气，喘着喘着就都忍不住笑了起来，一直笑着……

我突然发现，我一直在模仿多美大口喘气的频率，这让我想到了同频共振的理论。等到我们俩都不想笑了的时候，我抱着验证的心理，又开始模仿她的呼吸频率，她注意到了，又接着笑起来。她一笑，我也忍不住又笑起来。那种感觉很美妙，大家可以体验一下和孩子大笑、共享一个频率的感觉。

比如，当孩子情绪高涨、很开心时，我们也可以跟着孩子的情绪上扬，说话不妨夸张些，音调不妨上扬些，这就能让快乐在彼此间流淌；在孩子情绪不佳、能量呈下降趋势的时候，我们也无须通过逗乐、安抚，试图让孩子马上开心起来，只要我们也能沉下心，让自己安静下来，默默地陪伴孩子，孩子也会很快觉得好受很多。

当我们能做到感受孩子的快乐与伤心，并和孩子一起快乐、伤心，孩子就很容易在同频的情绪里得到慰藉，并完全向你敞开心扉，亲子关系也就可以快速得到改善。

培养善良、有爱的孩子，秘诀原来是这个

为孩子种下善念，让孩子成为善良、有爱的人，从看见和接纳孩子的悲伤开始。

在四类基础情绪喜、怒、哀、惧当中，你知道孩子的哪种情绪若是没被处理好，长此以往会严重影响孩子的爱心和善良品质的培养吗？

2015 年有一部动画电影叫《头脑特工队》，我相信很多家长都陪孩子看过。这是一部值得在家里跟孩子一起重温的动画电影，它对孩子学习和了解情绪有特别的帮助。据说这部电影的编剧小组里有专业的心理学专家。

《头脑特工队》这部电影用拟人化的方式，展现了人类的五种情绪：快乐、恐惧、愤怒、厌恶和悲伤。在电影中，它们变成了五个可爱的情绪卡通小人，在莱利这个小姑娘的大脑中相互协作。本来，莱利过着幸福快乐的生活，但因为父亲的工作调动，举家搬到旧金山后，一切都被打破了。新的环境和生活让五个小人都活跃了起来，"快乐"尝试主控局面，不允许其他四个情绪小人出来，结果却导致莱利的大脑越来越混乱，直到"快乐"和"悲伤"跌进了记忆深渊。

在那里，"快乐"和"悲伤"找到了一个记忆球，那是莱利在冰球比赛失败后的场景，是悲伤让莱利获得了父母与朋友的安慰。让"快乐"没想到的是，这个时候，"悲伤"反而成为了莱利快乐的来源！

原来，悲伤并不是"坏"情绪，每一种情绪只要流动起来，都有其积极的作用。快乐，原来是建立在悲伤被疗愈的基础之上的。

作为父母，你通常是怎样回应孩子的悲伤情绪的呢？《羊城晚报》曾经刊登过一篇专栏文章，文章的作者是一个小有名气的专栏作家，她用轻松幽默的方式描述了女儿三次养小金鱼的场景。

第一次，女儿养了一段时间的几条金鱼突然全都死了，女儿因此哭得很伤心，作家这样安慰她："别哭了，不就是几条金鱼嘛，妈妈再给你买更多更漂亮的。"

于是，作家又买回来几条金鱼，养着养着，陆续又都死掉了。每次女儿伤心难过的时候，作家都安慰她说："没什么好伤心的，金鱼就是这样的，不好养，很容易死的，死了没关系，大不了再买新的回来。"

就这样，作家买回来第三缸金鱼。有一天，作家被趴在鱼缸边的女儿的一句话逗乐了。当时女儿正对着金鱼缸自言自语："咦，小金鱼怎么还没死？"作家感慨道："瞧，孩子的神经被训练得多强韧啊，抗挫折能力增强了。"

你怎么解读小姑娘的变化呢？你认为她真的是抗挫折能力增强了吗？还是孩子的悲悯之心已经被隔离起来了？孩童时期，孩子的伤心难过往往都和悲天悯人的事件关联在一起，悲伤通常是由分离、丧失或者失败引起的情绪反应。当一个人表现出伤心时，他通常更期待得到他人的接纳和帮助，被接纳后，他也会更能同理他人的悲伤，激发出人类善良的本性。

如果孩子的悲伤不被家长看见，孩子自我保护的本能就会把悲伤掩藏起来。问题是，我们在隔离悲伤情绪的同时，也会慢慢把善良的天性隔离起来。所以，毫不夸张地说，不能看见和接纳别人悲伤的人，也不太可能真正与人为善。

我常常在街上或商场里看到因为吃了一半的棒棒糖或雪糕掉在地上而伤心哭泣的孩子，这时候旁边的家长给出的回应多数是："别哭了！是你自己掉的呀，怎么能怪爸爸妈妈呢？哭有什么用！"而孩子多半都是继续哭闹，家长实在没招了，就抱起哭闹的孩子强行离开了。

其实，这些孩子要的真的很简单："我的棒棒糖掉了，我很伤心啊！爸爸/妈妈，我需要你看见我的悲伤，把它说出来，再安慰我一下。"所有孩子对于悲伤的情绪都是非常敏感的，但是孩子们尚没有能力用适当的词语去表达情绪，就常常演变成哭闹。因此，低龄的孩子很需要家长帮助他们把情绪说出来，特别是悲伤的情绪。

在孩子的成长历程中，他也可能要面对与好朋友分离的悲伤。比如浩浩，他有一个好邻居兼好朋友小龙，两人平时形影不离，一起上幼儿园，一起回家，周末还经常一起出游。但因为要上小学，小龙一家要搬走了。

分别时，浩浩难过地哭了，妈妈抱着浩浩说："妈妈知道你很伤心，好朋友离开的确是一件令人难过的事情，因为你真的很喜欢和小龙一起玩。"然后，她就静静地陪着他。等浩浩哭完、平复下来，她问浩浩："感觉好点了吗？妈妈相信你会想出办法跟小龙见面的。"因为悲伤的情绪已经通过哭泣和妈妈的接纳从身体流走了，所以浩浩很快就把情绪转移，开始计划和小龙国庆假期可以去哪儿玩的事情了。

如果你家孩子的悲伤情绪从小都能被你看见并接纳，久而久之你家孩子也会把这种处理悲伤情绪的能力内化成人际交往的能力。他不仅能处理好自己的悲伤情绪，也能理解他人的情绪，从而更能融入团队，与他人合作。

在幼儿时期，认同和接纳孩子的悲伤可以由家长帮助孩子把他的感受说出来。随着孩子的成长，家长可以教会孩子表达自己的感受，比如难过、沮丧、惭愧、内疚、后悔……当孩子越能把自己的感受说出来，他就越有勇气在人际关系中真实地表达自己的需要，这也是构建健康的人际关系的重要基础。

> 妈妈知道你很伤心。

有一次，我在家长系统课的提高班课堂中讲到了上面小金鱼的案例。这时，有一位妈妈突然失声痛哭。我不得不把课程暂停下来，等待这位妈妈平复情绪。后来，她跟我们诉说了一件令她后悔不已的往事。

这位妈妈回忆，她儿子虫虫大概是在三四年级的时候，三番四次缠着她说要养一只小狗。但她一直不同意，因为她自己特别不喜欢狗，觉得养狗会把家里弄脏。有一天，虫虫在小区捡到了一条流浪狗，苦苦哀求后，她勉强同意他先把狗带回家养着。虫虫特别兴奋，接下来的几天一直围着小狗转，给小狗洗澡、为小狗布置狗窝、给小狗买好吃的……每天放学，他第一时间就冲回家，忙着照顾他的小狗。

这位妈妈忍了几天，但一方面她觉得脏，另一方面担心儿子花太多心思在小狗身上会影响学习，就趁着虫虫上学，把小狗抱到保安亭，并跟保安说如果有人想领养小狗就可以把它抱走。没想到就这么巧，那天她接了虫虫放学，刚回到小区门口就看见有人从保安亭抱走那只小狗准备开车离开。

虫虫先是愣了一下，着急地问："妈妈，那个人好像抱走了我的小狗！"

这位妈妈说，当时的她就装疯卖傻了起来："是吗？不会吧，你的小狗不是在家里吗？"

后来，虫虫飞奔回家，发疯似的在家里找了一轮，确认小狗是真的不见了后，随即撕心裂肺地号啕大哭起来……

当时看到儿子哭得悲痛欲绝，她也不知道怎么安慰，就只是反复地劝说虫虫："别哭了，实在不行，我们再买一只小狗回来。"

虫虫为了小狗的事儿闷闷不乐了很久。对此，这位妈妈也有些内疚，偶尔会问一下虫虫："要不，我们再买一只小狗或一只猫来养呗？"但虫虫每次的回应都是冷冷的："不用了，我现在讨厌那些猫猫狗狗了。"

这位妈妈说，可能那一次丢狗事件真的深深地伤透了孩子的心。而当年的她完全不懂得如何处理儿子的悲伤，总会像电影《头脑特工队》中的"快乐"一样，试图堵住虫虫悲伤的情绪，或者干脆回避、装作看不见。而虫虫其实一直都没迈过去那道伤心的坎儿，所以渐渐地就开始不再对任何宠物感兴趣了，对其他事也有点提不起兴趣，后来甚至厌恶上学。初三的时候，虫虫就曾辍学一年。在这段艰难的时间里，这位妈妈在家长课堂中不断学习、不断改变自己，逐渐修复了和虫虫的母子关系。

感知别人的需要，看似是一件很自然的事情，但其实需要家长能常常看见孩子的各种悲伤情绪，并给予积极的回应。这样一来，孩子才能慢慢地内化出一种感知悲伤、自我疗愈的能力，而且在长大后他也更能够看见别人的悲伤，并给予他人帮助，成为一个善良有爱的成年人。

我的两个儿子从未停止过饲养宠物。我们家养过一只狗、两只鹦鹉、两只仓鼠、三只乌龟、N条鱼……我印象最深刻的是那两只仓鼠，买回来后一直都是由兄弟俩独自照料和饲养，他们还给仓鼠起了两个名字，分别叫小黑和小白。两个多月后，小黑和小白陆续死掉了，兄弟俩特别伤心，尤其是大儿子易知，为此大哭了几次，而我能做的就是默默地抱着他，让他无顾虑地哭。等他感觉好一点了，我就陪着他去小区花园把仓鼠埋葬了，与他一同完成这个哀悼的过程。慢慢地，兄弟俩的情绪好转起来了，也能继续更好地照顾其他宠物。从七岁开始，他们就一直负责我们家遛狗和帮狗洗澡的任务，而我也深深地感觉到，他们在照顾狗狗的过程中也激发出了更强烈的感恩和善良之心。

在德国教育理念里，特别推崇让孩子饲养宠物，因此爱护小动物是许多德国儿童接受"善良教育"的第一课。在孩子刚刚学会走路时，不少德国家庭就特意为孩子饲养了小狗、小猫等小动物，并让孩子参与到照料小动物的过程中，而在此过程中，孩子学会了照顾弱小的生命，并且感知它们生命的存在。研究发现，童年或者青少年时期饲养过小动物的孩子，他们的感情往往比较细腻，心地也比较善良；而从来没有接触过小动物的孩子，往往更容易感情冷漠。因此，在条件允许的情况下，家长们不妨鼓励孩子饲养小动物，鼓励孩子多去照顾比自己还要弱小的生命，以此激发孩子善良的天性。

有的家长会担心，善良的人长大了容易吃亏，所以不希望自己的孩子太过善良。我个人的观察发现是，这个世界的确会有险恶，但越是这样，我们越要教会孩子善良，因为善良看上去貌似脆弱，但实际上是强大的，善念在大多数的时候换来的都是善的回馈，因此善良的人得以拥有更多的快乐和幸福生活的机会。

接纳孩子的悲伤

· 拥抱并说出孩子的感受。

· 教给孩子表达悲伤的词语，如难过、沮丧、惭愧、内疚等。

· 鼓励孩子主动真实地表达自己的感受。

实践案例精选

说出孩子的情绪，化解姐妹冲突

某天下午，我坐在沙发上看书，姐姐泡泡和妹妹朵拉在我旁边玩。原本祥和的一幕，也不知怎么就被打破了。朵拉气鼓鼓地冲到泡泡面前，把泡泡推倒在地。

泡泡站了起来，生气地喊："你干吗推我？"然后她便用力地推了朵拉，把朵拉推得趴在了地上，正好摔在我的脚边，朵拉开始号哭起来。

这十秒钟的激烈场面，我都看愣了。一两秒钟后我缓过神来，深呼吸了一下，把朵拉抱起来。泡泡看着我们，说："是她先推我的！"

我看出来泡泡也觉得自己出手重了，才会一边盯着朵拉一边辩解。我平静地看着她们俩，说："我知道你们俩现在都很生气。"说出她们的情绪，通常只要情绪被理解了，孩子就容易平静下来。

我接着说："姐姐，朵拉刚才摔得挺重的，妈妈要先看看她有没有事。"

朵拉委屈地在那里叽里呱啦地喊，我完全听不懂，只好抱着她说："朵拉生气了，是吧？姐姐推你，你害怕了吗？朵拉觉得委屈，对不对呀？"朵拉一会儿摇头一会儿点头，哭喊声渐渐平息了。我不再说话，就静静地抱着朵拉，过了一会儿她竟然睡着了，我把朵拉放到床上。泡泡一直呆坐在沙发上。我把她搂在怀里，说："姐姐，刚才你很生气对吧？我看到朵拉推了你，你肯定也觉得委屈，对吗？"

泡泡对我点点头。

"妈妈真不愿意看到你们动手。如果用力推或者踢打，朵拉或者你就可能受伤，妈妈会心疼。以后要好好说，不动手。如果你有什么不高兴的，可以告诉妈妈。"然后我就静静地抱着泡泡。

我相信在这一刻，泡泡可以得到我的安慰，她感觉好了自然会思考我的话。

（本例由陈绮提供）

化解孩子的怒火很简单

对于大多数孩子，如果能用带着幻想、有趣的沟通方式代替逻辑上的解释和讲道理，孩子就能由原来的烦躁、焦虑和着急转为平静，甚至觉得开心、有趣。

你知道吗？可能你对孩子发的 90% 的脾气，都白发了！因为孩子愤怒、大发脾气的大多数情况，都可以在萌芽状态被扭转。只要你能意识到并用合适的方法去应对，就能大大减少甚至避免孩子乱发脾气、与你互相伤害的情形。现在，我们就来学习一些方法，看看如何在孩子的愤怒即将爆发的时候，帮助他把情绪处理好，将怒火熄灭，防怒于未然。

作为家长，你有没有遇到过辛辛苦苦为孩子做了你认为他应该会很喜爱的饭菜，结果孩子毫不领情、就是不吃的情形？我们来看这样一个生活场景。天天妈为天天做了鸡蛋面早餐，天天带着起床气起来一看是鸡蛋面，很不开心，就对妈妈说："妈妈，我不要吃面，我要吃肠粉！"大多数的家庭，在这个时候就已经开始酝酿情绪，一部愤怒大片即将震撼上演。你不妨想象一下，类似的场景如果在你家发生，接下来会如何发展呢？

这种情形下，孩子可能会有些烦躁、着急和焦虑，而这三种情绪常常是愤怒情绪的起点。家长要是处理得好的话，就可以在这个阶段把愤怒的情绪扭转过来。但是如果没处理好的话，这种焦虑和烦躁的情绪就会被推高成为生气，甚至暴怒。

一般来说，家长这个时候会习惯性地开始给孩子做逻辑上的解释，再讲上一些道理。如果天天妈这样说，估计你也不会认为有什么不正常："家里没有肠粉，肠粉是要去菜市场买新鲜的才好吃，今天只有面条，你就吃面条吧。"

孩子对这样的回答很可能会不依不饶："不，我就是要吃肠粉！"

你可能会继续解释："妈妈做都做了，都跟你说了，肠粉没有，要去菜市场买才有。你今天就先吃面条，行不？"

孩子很可能非但不领情，反而更生气了："不，我就是要吃肠粉！"

你忍不住开始批评了："你这孩子怎么这么不听话！再不吃，上学又迟到了！"

孩子的情绪也终于被推高，筷子一甩，说："不，我还是要吃肠粉！我就是要吃肠粉！"

估计这个时候你的耐心已经被磨得差不多了，很有可能和孩子一样，脾气终于爆发："你这孩子怎么这么不懂事，一点都不体贴妈妈！妈妈每天吃喝拉撒伺候你，容易吗？不吃拉倒！以后妈妈都不会给你做早餐了……"

后面会发生什么，家长可以尽情脑补，反正一个鸡飞狗跳的早晨估计已经不可避免了。

面对这种情况，我给家长们分享一个可以防怒于未然的方法，就是在孩子还只是着急、烦躁时，用幻想的方式代替逻辑解释，避免让孩子的脾气爆发，变为大怒。

比方说，在刚才天天非要吃肠粉的场景里，可以尝试如下的做法：

天天妈用幽默、互动的方式跟天天说："天天，你信不信，妈妈今天可以把你的这个手指头变成魔法棒？"天天此时定会疑惑地看着妈妈，天天妈可以继续说："来，需要加很多能量，我给你先加能量。你还要学会一个咒语，这个咒语叫'欧玛尼呗美哄'。"然后让天天对着面条施魔法和念咒语。

施完魔法念完咒语后，天天妈端起面条，让天天闻一下，问他有没有一点点肠粉的味道了。天天点了点头。天天妈说："法力还不够，还得再加能量。"于是让天天继续施魔法念咒语……最后，当妈妈跟天天说："今天先吃带肠粉味的面条，明天妈妈买肠粉让你吃个够，好不好？"这时，天天就爽快地答应了。

对于大多数孩子，家长如果能用带着幻想、有趣的方式跟他沟通，代替那些逻辑上的解释和讲道理，孩子都能由原来的烦躁、焦虑和着急转为平静，甚至觉得开心、有趣。

其实，当孩子有情绪的时候，你的所有逻辑解释和那些应该或不应该的大道理，都是孩子情绪的助燃剂，常常能瞬间引爆孩子的情绪。在孩子只是有些着急、心烦的时候，如果家长应对的方法不当，就很容易把彼此的情绪都激发出来，然后一起逐渐掉入乱发脾气的恶性循环。

比方说，如果一个愤怒的孩子跑过来跟你说："妈妈，某某抢了我的东西！你帮我打他！"你要是对着孩子说"你是哥哥，你应该学会谦让""你大方点，让他玩会儿吧""玩具不应该只顾着自己玩，你要学会分享"等这些"应该 / 不应该"的句式，那就是在火上浇油，极有可能把孩子的情绪引爆，然后就会产生连锁反应，继而引爆你的情绪，互相攻击、伤害的模式就会开启……

用幻想的方式满足孩子，对于孩子的情绪疏导非常有效。我记得，在我两个儿子八岁时的一个周末，爸爸问兄弟俩："今天我只能带一个孩子去打高尔夫球，你们谁想去？"

弟弟易行的回应很积极："我想去。"

爸爸接着说："好，那就带你去。不过啊，你要答应爸爸，去到那边一定要听教练的话，不能乱打哦。"听到爸爸的后半段话，易行把穿了的鞋又脱了，边脱边嘀咕着："我就是喜欢乱打。这样的话，我不去了。"

哥哥易知在旁边说："弟弟不去，那我去。"

就这样，爸爸带着哥哥去打高尔夫球了。快到中午时，爸爸给我发了一段哥哥在打球的视频，弟弟抢着手机也要看。看完视频后，他立即就表现出了着急生气的情绪："本来爸爸是要带我去的，为什么又是哥哥去，不公平！妈妈，你现在、必须、马上带我过去！我也要打高尔夫球！"

这个时候，作为妈妈，我的脑海冒出了几百个字的逻辑解释和大道理，诸如：是你自己选择不去的，怎么说是爸爸不公平呢？是你先说不去，才换成哥哥去的，你忘了吗？再说了，现在都快中午了，该吃午饭了，去了也没用……

我马上深呼吸，调整了一下思绪，意识到这些本想冲口而出的道理和逻辑解释基本上都只会火上浇油，会把本来只是着急的孩子变成一个愤怒的"魔鬼"。后来我采用了幻想的方式，成功地安抚了易行，实现了防怒于未然。

我对易行说："妈妈看到你有些生气，你真的很想马上就去到高尔夫球场的，对吗？"

易行带着怒气答道："是！"

我继续说："妈妈理解你的感受和想法，恨不得立即就能玩，如果能有一台时空穿梭机多好啊！它就能带着我们，嘣的一声，就掉在高尔夫球场上。不过那得很高速才行，时空穿梭机最好是球形的，这样掉下去的时候，就不至于震得很疼。你觉得，这个时空穿梭机操纵杆应该是怎么样的啊？"

他成功地被我充满幻想的语句转移了注意力，和我比划起来："操纵杆是这样的，拉向后面就起飞，推向前面就降落，一按什么按钮门就开了……"一轮讨论、幻想之后，易行的情绪基本上已经平复了，我就跟他说："现在过去，可能已经来不及了。要不，下一次爸爸也只带你一个人去玩个够，好不好？现在妈妈陪你去玩乐高积木？"

易行也没有太坚持，点头表示同意了。

运用幻想的方式的好处是，它能帮助孩子想象他的需要已经被满足了，这样，孩子就更容易接受现实。越是低龄的孩子，当需求不能被马上满足时，他就会越难受、急躁，因此，幻想的方式对于疏导十岁以下孩子的情绪也就特别有效。

家长使用幻想的方式代替逻辑解释时，可以多使用 "我真希望……" "我多想……" 的句式。比如，如果孩子打电话吵着跟你说："你怎么还不回家？你必须马上、现在就到家。"可能你正在路上堵着车呢，这时你就可以跟孩子说："我真希望我的车会飞，嗖的一声，就能出现在我们家的阳台外面，嗖的一声，就能从阳台跳进我们的家里。但是会飞的车怎么回到车库呢……"孩子很可能会开始和你热烈地讨论起会飞的车的各种功能了。

再比如，孩子一定要马上去游乐场玩，可是你没有办法带他去。你可以这样说："我多希望我们现在就已经飞到了游乐场，现在就已经坐在过山车上面，而且使劲地往下冲，我猜你会尖叫的……"诸如此类的想象话语，一定能把孩子带入到那个想象的场景里面去，此时孩子的情绪就会得到一定程度的释放。

所以，很多时候，在面对孩子爆发的愤怒时，家长只要稍稍用点心，就能成功化解。家长的愿不愿意留心，以及愿不愿意尝试不一样的回应方式，都能左右孩子情绪的走向。

学会正确处理孩子的情绪是轻松育儿的关键，也是孩子高情商的来源。如何正确处理孩子的情绪是个大课题，需要家长系统学习，同时持续实践练习。

实践案例精选

拥抱的"魔力"

拥抱，这是我在正面管教课堂里学会的第一个工具。它很简单，每一个人天生就会，孩子天生就懂，但它却不容易做到。在正面管教课堂里我第一次领悟到，在孩子做出不当行为的糟糕情况下，往往是孩子最需要爱的时候，而一个带着爱意、尊重和平等的拥抱能让孩子和我们回归到爱里面。在这种情况下的拥抱，仿佛被赋予了魔力，能够扭转我们和孩子之间的"负能量场"。

最近，我和我的孩子在拥抱中和好了。

上周五晚上临睡前，泡泡因为没有喝到酸奶所以在生闷气。朵拉可能看不出姐姐正不开心着，还像平时一样凑到姐姐身边蹭来蹭去，要姐姐和她一起玩。结果，就正好撞到枪口上了。姐姐把气撒在了妹妹身上，先是推开她，接着用力拽朵拉的胳膊。我制止她："你这样做会弄疼她的。妈妈知道没喝上酸奶让你很生气，明天我一定给你补上。现在你可以拿枕头、垫子发泄，但不要弄伤朵拉。"

她听了之后没有停止，反而开始用脚去踢朵拉，连踢了四五下，一下比一下重。我也怒了，我用手拍打她的腿，说："我刚才警告过你了，你怎么还踢她，你来试试会不会疼！"拍打完她，我感到自己的手热辣辣的，又疼又麻。这让我猛地觉察自己现在的情绪很糟，而且我也动手了，下手还不轻！

我开始觉得既内疚又不知所措。我看了看泡泡，她没有继续踢朵拉了，而是倔强地咬着嘴唇，眼睛里有眼泪，但我看出来她在强忍着不哭。朵拉原本被姐姐踢了还只是哼哼着抗议，看到我打姐姐，她被吓得扒着我放声哭了起来。我的脑子开始飞快地转，拼命想着下一步怎么办——跟泡泡讲道理？解释？道歉？还是冷处理？我决定试一试用"拥抱"来化解这个情形。

我深吸一口气，一边抱着朵拉，一边挨近泡泡，说："泡泡，我们现在心情都不好，我们拥抱一下好吗？可能这样我们会感觉好点。"她继续倔强着，很干脆地回答"不要"。我看得出她的委屈，摸摸她的头，继续说："妈妈需要你的拥抱，这样我会感觉好一些。"她没有回应我的拥抱，而是用力拍打我的手并且大声地哭了，我听得出她把埋怨和委屈都发泄出来了。

我挨着泡泡坐着，跟怀抱里的朵拉解释说："朵拉，妈妈刚才和姐姐都有些生气，妈妈现在好了，姐姐等下也会没事的。我们先来讲故事吧。"我开始给朵拉讲故事，这是两姐妹都很喜欢的《人鱼公主》，讲到一半时，泡泡凑过来听，问我："妈妈，为什么这个书上的美人鱼像真的人一样啊？""这就是立体画效果呀。"从她的语气我知道她已经平复了。我继续把故事讲完，然后放下书，对姐妹俩说："我们来拥抱一下，好吗？"话一说完，她们两个就扑到我的怀里。我能感到她们不仅是被我抱着，她们的小手也在用力搂紧我。

自此之后，泡泡会时不时跑到我身边说："妈妈，我们拥抱一下吧。"然后她就笑着张开手臂搂住我。

当相爱的人紧紧相拥，彼此身体连接、心灵相通，这远胜于言语的解释和道歉。这个拥抱，我需要，孩子也需要。作为讲师，我常常在课堂上听到家长们分享"拥抱"的故事，每次都被深深地打动，因为这个简单的动作传递出巨大的爱和能量。

（本例由陈绮提供）

孩子的恐惧情绪不可怕

由于孩子很难表达出对恐惧情绪的感受，因此可以通过反射式倾听，以剥洋葱式的沟通方式，一层一层地帮助孩子把那些造成恐惧害怕的想法理清道明。

作为家长，不知道你是否观察过，孩子的哪种情绪是最难处理的？孩子的确有一种情绪非常难被发现和处理，而且一旦这种情绪没被处理好，长期就会对孩子的自信心造成非常大的影响。这种情绪就是恐惧。

可能很多孩子都和家长说过：怕黑、怕魔鬼、怕怪兽，或者不敢一个人睡……其实，人们对于未知的东西都会有一种天然的恐惧情绪，而对于孩子来说，这种恐惧情绪就更严重了。随着孩子的不断成长，他对于环境的安全感也越来越足，对未知的恐惧情绪就会慢慢减轻。但是，如果因为一些特别的事件而诱发了孩子比较大的恐惧情绪，就需要想办法帮助孩子疏导一下。

不过，孩子的恐惧情绪特别不好处理。首先，对于恐惧，孩子的本能是想屏蔽这些感受，避开且不太愿意谈。有时候孩子自己也说不清恐惧到底是什么感受，可能只是感觉不舒服。

　　正面管教中有一个方法叫作反射式倾听，特别适用于处理三岁以上孩子的恐惧情绪。这个方法的使用需要一点技巧，也比较考验家长的耐性。但一旦用好了，对孩子的帮助会特别大，很值得学习和使用。

　　由于孩子很难表达出对恐惧情绪的感受，因此可以通过反射式倾听，用一种剥洋葱式的沟通方法，一层一层地帮助孩子梳理他的感受和想法，慢慢地把那些造成他恐惧害怕的想法理清道明。只要孩子能把一些深层的害怕感受和想法描述一遍，这本身就是一种治愈方式，就已经可以有效地改善他的情绪状态了。

　　跟大家说说我儿子的一个故事。大概是在他们四岁多的时候，我的两个双胞胎儿子已经可以独立入睡。只要在夜晚睡前把他们安顿好，完成抱抱、亲亲的睡前仪式，两兄弟就能独自入睡。有一次，哥俩都已经安顿下来准备入睡，我帮他们关了灯道了晚安后便离开了。没过多久，弟弟易行跑到我的房间跟我说："妈妈，不知道为什么，我一闭上眼睛，总是看到很多很多东西。"具体看到了什么他也说不出个所以然，我便以为他又想多了，因为他从小就是一个容易想多了的孩子。

我用手假装施魔法，在他的脑袋上胡乱抓了一把说："哦，妈妈知道了。你脑子里想到很多东西，妈妈已经把这些东西抓出来，扔到阳台外面去了。好啦，没事啦，回去睡觉吧。"然后把他送回房间去睡觉。但是，隔了几天他又来一次，睡下又起来，重复着上面同样的话。

我大概是在易行第四次这样做的时候，突然有所觉察，心想他是不是在害怕什么事情。那次，我就蹲了下去，抱着他的肩膀，看着他的眼睛，问他："宝贝，你是不是很害怕什么事儿？"令我惊讶的是，当我问完这句话，他憋了一会儿，居然哭了。当时我的大脑又开始飞速运转起来，想着不能随便打发孩子的害怕情绪，要耐心"剥洋葱"才行。于是我想到了反射式倾听，后来基本上就是用这个方法和他进行沟通。

我问易行："你是不是害怕？"

他回答："是。"

我重复："哦，你很害怕。"（这个时候，只需重复他的感受，不用着急讲那些"不用怕"之类的安慰话）

他继续说："是，有很多毛毛虫。"

我说："你看到很多毛毛虫，所以很害怕。"（继续重复他的描述和感受，剥出第一层洋葱）

他答："不是，是妈妈很害怕。"

我说："哦，很多毛毛虫，你担心妈妈很害怕。"（重复他的话语，补充他的感受，剥出第二层洋葱）

他说："嗯，又没有我们。"

我说："你们又不在妈妈身边，所以特别担心妈妈，是吗？"（串联他的想法和感受）

他说："是，我怕妈妈害怕。"

我说："妈妈知道了，你是特别担心妈妈会害怕。"（继续重复他的感受，洋葱全部被剥出了）

这个时候，我大概明白了，回忆起两三个月前发生的一件事儿。那次两个儿子在小区玩累了，坐在石凳上吃东西。突然，我发现有一条毛毛虫正沿着石凳腿往上爬。因为我非常害怕毛毛虫，所以我当时的本能反应就是扔了手上的东西，开始大叫。孩子的爸爸在旁边弄明白是什么事后，补了一句本不该说的话："一条毛毛虫，你至于吓成这样吗？是不是抱着孩子，你也会把孩子给扔了？"

可能因为平时我跟孩子们讲过几次我很害怕毛毛虫，加上当时我极度惊恐的状态和尖叫声，所以他们着实被吓着了，而爸爸的那句话更是雪上加霜。当时他们哥俩只是呆呆地看着我，没有太多反应，却没想到易行一直记着这件事。孩子在幼年的时候，父母就是他的天空和全部的世界。父母如果有巨大的惊恐情绪，也会让孩子感到害怕。在他们潜意识中的解读是：爸爸／妈妈这个天空原来是会塌下来的，这个世界不够安全。

回到当时反射式倾听的现场，听完易行的描述，我接着跟他说："你担心妈妈会害怕，妈妈知道了。你知道吗，妈妈现在已经没那么害怕了。"

他有些疑惑地看着我。我说："因为你们的爱给妈妈织了一个保护罩，这个爱织成的保护罩是万能的，无论发生了什么事儿，它都会保护妈妈，所以妈妈不再害怕。你觉得保护罩应该是用什么制作成的呢？"

易行说："是金属的，刀都砍不破的。"

我说："对，是金属的，刀砍不破的。"

他继续说："但是又是很软的，一直罩着你，你到了宇宙也能够得着。"

我说："对，无论妈妈到哪里，它都可以保护着妈妈。"

经过这样的沟通，慢慢地，易行说他已经不再害怕了，而且在这之后他再也没有出现过类似的情形了。

我们可以感受到的是，孩子，特别是低龄的孩子，有些恐惧和害怕的情绪是真的很难让他们用言语表达出来，但这种情绪又会一直存在于孩子的潜意识里。久而久之，孩子可能总觉得有一股莫名的感受堵着胸口，这时就需要家长非常耐心地倾听，帮助孩子疏导出来，这种倾听的方式就是反射式倾听。反射式倾听其实并不复杂，家长只需要像镜子一样，重复和脑补孩子的一些描述，特别是重复孩子的一些关于感受和想法的描述式语言。在这个过程中，有一点很重要，那就是家长先不要着急评判和安慰，因为这样的做法反而会堵住孩子的情绪。

还有几个句式能协助家长在孩子说害怕的时候帮助其疏导和释放情绪。比如家长可以问孩子："爸爸／妈妈知道了，你害怕怪兽（或者魔鬼），那，这个怪兽（或者魔鬼）会让你想到什么？"孩子如果回答不上来，你就先问他："这个怪兽特别像什么？"孩子只要能联想到生活中一些让他恐惧的事件，并且能说出来，被你倾听了，那么孩子的恐惧就会得到舒缓。你也可以和孩子幻想一个保护罩，或者想象施个魔法把怪兽打败了，这是一种心理上的暗示，对孩子也有很大的心理支持作用。

你可能不相信，曾经有一位爸爸，也和我们说他很怕黑，晚上不敢一个人睡觉。他说是因为在他七八岁时的一个晚上，他的妈妈把他吓坏了。那天外婆突然去世，他的妈妈可能是因为悲伤过度，在晚上突然做出了让人害怕的事情：他的妈妈对他说自己就是外婆，还说了很多奇怪的话，更做了一些奇怪的动作。当时，只是个孩子的他非常害怕，吓得号啕大哭。

这种害怕和恐惧的感觉一直在这位爸爸的潜意识里压抑着。尽管成年之后，他成了一名企业家，管理着很多员工，但他依然很怕黑。他说自己都不好意思跟别人讲起自己有个特别的习惯：因为他很害怕一个人住酒店，所以每次出差的时候，若能带上妻子，就一定会带着妻子一起出差。

因此，童年时期的一些特别事件如果给孩子造成了巨大的害怕和恐惧情绪，且没有得到适当的帮助和处理，就会影响到孩子乃至其成年后的勇气和自信心。我相信，如果那位爸爸潜意识里的那些被压抑的恐惧能够得到疗愈，他的能量肯定会更大，生活也会更自由、轻松。

除了反射式倾听，还有两种简单易行的方法。一个是游戏法，这是儿童心理治疗中常用的方法。由家长扮演一个笨笨的怪兽或者魔鬼的角色，总是能够滑稽地被孩子打败。透过这种角色扮演的游戏，家长可以帮助孩子轻松地面对那个恐惧，并且战胜恐惧。另一个方法是通过绘本或者画画。很多的绘本故事就是专门为帮助孩子克服害怕情绪而写的。家长可以根据绘本故事和孩子一起扮演故事中的角色，通过绘本剧的模式帮助孩子处理恐惧情绪。最后，家长也可以尝试让孩子把他的恐惧画出来，再配合反射式倾听，用心听听孩子对于画中内容的解释，这也是一个很有效的方法。

实践案例精选

用魔法棒修复创伤

临睡觉前，原本已经躺下的朵拉突然坐了起来，问我："妈妈，你们为什么丢下我？"我听了心里一惊：哪有这样的事？这是哪里来的想法啊？我尽量保持平静，好奇地问她："在什么时候，你觉得我们丢下你了呢？"

她说："就是上次在德国的慕尼黑科学馆，你和姐姐走了，让我等了很久。你们丢下我了。你不知道你们走了很久了吗？那里的人问我叫什么名字、几岁，还问了很多我听不懂的话。"

原来，她突然想起了这件事。有一年暑假，我带着姐妹俩去德国旅行，来到了慕尼黑科学馆，展厅非常大，展示的主题也很丰富。在我们参观完第一层之后，朵拉就不感兴趣了，她也走不动了，而姐姐却非常有兴趣，说要去每一层都看一看。纠结了一小会儿之后，我们协商好了，我陪姐姐继续看，朵拉在一楼的休息椅子上坐着等我们。我把手机也交给了她，这样她就可以看她喜欢的视频打发时间。休息椅子就在服务台边上，我认为她会很安全。可就在我和姐姐逛了两层之后，我就听到广播里在说："The 5 year-old girl Alina is waiting for her mother and sister at the information center.（五岁女孩 Alina 在服务台等待她的妈妈和姐姐。）"我和姐姐赶紧跑回服务台，看到她坐在服务台里，拿着工作人员给她的一个小玩具。当我抱起她时，她紧紧地搂着我，在我的怀里放声大哭起来。我知道她终于感到安全了，可以把堆积的情绪宣泄出来了。我紧紧地搂着她，安慰她说："对不起，妈妈回来晚了，让你一个人等这么久。你真了不起，你可以用英语告诉工作人员你几岁、是和谁来的。妈妈和姐姐一听到广播就跑回来找你了，抱歉，让你害怕了。"渐渐地，她平静了下来，又恢复了开心。

这件事情已经过去了很久，让我没有想到的是，朵拉竟会再次提起这件事，而且她还认为是我丢下了她，可想而知这件事情对她的影响有多深刻，这让我很自责也很内疚。于是，我抱着她，像当时那样又安慰了她一遍，姐姐也跟着安慰她和夸奖她，她也渐渐地平复心情，睡着了。

第二天的早上特别冷，我想让她多睡一会儿，所以就只叫了姐姐起床。等我们都在吃早餐的时候，她气鼓鼓地跑到客厅，一副想哭的样子，很不高兴地看着我。我搂着她问："你怎么啦？"她说："我不想告诉你。"我想起昨天晚上的对话，就说："那我猜一下。因为你起来没有看到我们，你不高兴了，对吗？"她点点头。我感到很难过，哪怕只留她在房间，她可能都会认为"你们又丢下我"。

每个人都只活在自己看到的"现实"中。由于孩子的理解力有限，她看到的"现实"可能是扭曲的，无奈她偏偏就相信。我当然希望我的孩子们能安心、踏实地感受到我对她们的爱，这会给她们带来安全感和归属感；但无论我有多努力，我也依旧左右不了她们的观点。

孩子的记忆和想法，我无法抹去，可是我有办法改变。

我想起了在鼓励咨询课程里用到的魔法棒。

我拿出不久前给朵拉买的魔法棒，对她说："朵拉，我们来做个游戏吧。你看，你有一个无所不能的魔法棒，你挥挥它，它就可以用魔法把事情变成你想要的样子。刚才你起床时，没有看到妈妈和姐姐，让你有点伤心。现在就挥挥魔法棒，你想把刚才的情形变成什么样子？"

朵拉接过魔法棒，使劲挥了一下，大声说："我要妈妈和姐姐都睡在我旁边！"

说完，朵拉咧着嘴笑了，说："我还要变，我还要变！"

我说："朵拉，妈妈昨天晚上听你说起我们在慕尼黑科学馆，你一个人在椅子上等妈妈和姐姐，又伤心又害怕。如果可以用这根魔力无比的魔法棒，你希望把当时的情形变成什么样子？"

朵拉认真地想了想，挥动着魔法棒，慢慢地说："巴拉巴拉小魔仙，变！妈妈、姐姐都回来！耶，妈妈和姐姐都出现啦！"

于是，朵拉开心地举着魔法棒，跑出去找姐姐继续她的"魔法变变变"了！

爱，看不见摸不着，全靠感觉。而孩子有时候会怀疑自己是否被爱着，而我也更加能体会和了解孩子的内心世界有多么重要。

所幸，我觉察了。

所幸，我们可以用魔法棒一起去修复曾经的创伤。

所幸，我和她还可以创造很多美好的记忆！

（本例由陈绮提供）

第一章

家庭成员的互动方式对孩子性格的影响

个体心理学的创始人阿尔弗雷德·阿德勒认为，我们每个人从出生开始就在不停地做决定，通过观察周围环境和其他个体对待自己的方式来判断如何更好地生存和发展，并由此形成每个人独特的人格和行为模式。这些个性特征和行为模式在我们五岁左右便基本定型，并深切影响着我们的一生。

这里的"周围环境和个体"，首先来自家庭，包括父母的教养方式、出生顺序、父母的个性和价值观、父母的关系、家庭的氛围等方面。

父母们可能并未意识到，在我们处理亲子、夫妻、婆媳、多子女、朋友、亲戚等各种关系的过程中，当我们用语言和行为展现自己的个性和价值观时，孩子们其实都在默默地观察、感受、储存，并用潜意识分析、思考、决定自己要成为什么样的人，要用什么样的方式来面对世界和处理问题。

家庭，永远是孩子的第一所学校；养育者，永远是孩子的第一任老师。如果我们希望孩子能培养出健康、乐观、自信、充满勇气、不惧挑战的个性，我们首先就要成为孩子们的榜样。行大于言，当我们自己能处理好家庭成员间的互动关系，孩子们也能从中学习到如何以健康的心态和方式来解决人生的种种难题。

在这一章中，我们会一起学习：我们可以怎么说、怎么做、使用什么样的方式和工具来促进夫妻关系亲密、婆媳之间和谐、兄弟姐妹亲爱、家庭幸福和睦。

一个改善关系的利器

多用"我"字开头的句式，有利于家庭成员理解我们的情绪和需要，他们也会因此神奇地自动改变。

我的一个朋友琳达，是一名大学讲师。她曾经对我说："当时，我真的想离婚了，觉得日子实在没办法过下去了……我在离开家之前，发了一条信息给我老公。这条信息挽回了我的婚姻。"

那条信息的内容是：当你加班到凌晨不回家、电话不接短信也不回的时候，我感到很担心、很恐慌，也很无奈，因为我会胡思乱想，我会以为你出事了，我也会以为你做了什么对不起我的事。我希望你能给我一个道歉，而不是嘲笑我的胡思乱想，或者一味地反复解释和辩解，这样只会让我觉得自己是可有可无的存在。

琳达说："那一刻，我是下定决心要彻底离开我老公的，我和他实在没办法沟通了。这样的日子实在让我绝望，而且，我也非常担心这样冷漠的夫妻相处，会对女儿有不好的影响。"

结果，就在她开车要离开家的时候，她老公给她发了信息："对不起！我不知道你原来是这样想的。你等等我，我们好好聊聊。"琳达每次跟其他学员分享正面管教收获的时候，都会讲这一段故事，她说："'我句式'这个沟通工具，拯救了我的婚姻！"

生活中，你有没有听过下面这些话？

妈妈对孩子说："你这孩子，怎么这么不自觉！打也打过了，骂也骂过了，到底还要妈妈怎么样？你为什么就是不能按时完成作业呢？"

妻子对丈夫说："你每天都是加班、加班、加班，回到家就是玩手机，从来都不陪孩子，也不干活。当初嫁给你，我真是瞎了眼了！"

媳妇对婆婆说："你为什么总是干涉我管孩子？孩子是我生的，你的那些带孩子的方法早就老套了、没用了。你别再给我添乱了，好不好？"

我们来想一下：孩子听到妈妈这么说，是更愿意好好做作业，还是更不愿意呢？丈夫听到妻子这么说，以后是更愿意回家，还是更不愿意回家呢？婆婆听了媳妇的这番话，是会愉快接纳、欣然改过，还是会心怀不满、更加讨厌这个媳妇呢？

如果是我们自己听到这样的评判和指责，会有什么感受和想法呢？同样的场景，我们再来听听另外一种方式的表达。

妈妈对孩子说："孩子，每当妈妈看到你没能按时完成作业的时候，我都会感到很担心，也很无奈。因为妈妈很爱你，特别希望你能找到主动学习的有效方法。"

妻子对丈夫说："老公，我感到很孤单、很难过，因为在过去的一周，你连续加班五天，晚上都是八点半后才到家，回到家后又继续玩手机。我希望你一周至少有三天能在七点半前回到家，晚饭后能陪孩子玩玩游戏，帮忙处理部分家务，我们之间也需要多一些互相陪伴的时间。"

媳妇对婆婆说："妈，我感到很无奈，也有些难过，在我管教孩子的时候，您不只一次提出反对。我知道您疼爱孙子，但是我真的希望您能够信任我，放手让我自己管教孩子。我正在努力学习如何成为一个好妈妈，您可以给我这份信任吗？"

你发现没有？这两种沟通方式，说的其实都是一回事儿。但第一种沟通方式让我们离想要的目标越来越远，而第二种沟通方式让我们离想要的目标越来越近。

在正面管教的家长课堂上，我们会拿着虫子和魔法棒道具，对照着生活场景反复练习第二种沟通方式，它被称为"我句式"——正是上面琳达提到的挽救了她的婚姻的沟通句式。

心理学家们总结了一个非常好用、非常简单，且能迅速把你训练成沟通高手的方法，就是尽量少用"你"字开头的句式（"你句式"），多用"我"字开头的句式（"我句式"）。

"你句式"通常会在命令、说教、批评、讽刺、称赞等情况时使用，本质还是为了控制。比如：你可以这样做；你什么都做不好；你把灯打开；你怎么这么笨啊。

当我们的话语里的第一个字总是"你"的时候，我们多半只是在发泄自己的情绪，而不是在表达情绪，对方也根本不明白我们的需求。而且，对方因为被指责，第一反应大多是解释、攻击或防卫，而这样的沟通最终都不会达到我们想要的目标。

"我句式"表达的是我们对某件事的感受和想法，比如：我感到很烦，因为电话被打断了三次；我感到很累，我需要你的帮忙，我希望你能停止玩手机；我非常生气，因为回来看到家里乱七八糟的。这样的表达方式让我们在不需要憋着的同时，对他人也没有伤害性。这样的表达特别利于家庭成员理解你的情绪和需要，他们也会因此神奇地自动改变。

我们可以表达愤怒，但是我们不需要用愤怒的方式来表达，也不需要用指责或者否定他人来逼迫对方明白我们的需要。这些通常都是认知上的误区，往往更不能达到我们想要的结果。

"一千个读者就有一千个哈姆雷特。"简单地说，就是对待同一件事情，每个人的感受、想法、信念和行为都不一样。

就像大家都很熟悉的冰山理论：我们每个人都是一座行走的冰山，行为只是冰山露出来的一角，沉在水面之下的部分则是我们的信念和感受，是行为的真相。当我们只关注他人行为的时候，我们往往就会撞上冰山，却也没有办法解决自己的问题。因此，我们就会有很多无效沟通，而这种无效沟通常常让事情越来越糟，人际关系也会因此越来越差。

"我句式"的表达，是一个万能的沟通法宝。它能帮助别人看见我们这座冰山没于水面之下的部分，让对方了解到我们的信念、想法以及感受。只要对方能理解我们的需求，他们就知道如何去配合或满足我们的需求。

女人，常常希望别人懂得读心术，所以喜欢和伴侣玩"你猜，你猜，你猜猜猜"的游戏；女人，希望什么都不说，伴侣就能自动地满足心里的愿望。但其实，这样的希望往往是影响夫妻关系的头号杀手。如果在面对婆婆的时候她仍心存这样的幻想，那就更"危险"了！

"我句式"就是改善婆媳关系和夫妻关系的利器，只要按照这样的方式将需求说出来，问题就可以得以解决。

"我句式"一点也不复杂，标准的表达是：我感到（表达你的感受）……因为（描述一个事实）……希望（说出你的想法）……

场景一：你看见婆婆又在逼着孩子吃饭，你有些生气。这时你可以这样说："妈，我知道您很爱孩子。但我有些担心，孩子已经五岁了，还不能自己独立吃饭，这会对他以后的独立性有着非常大的影响。我希望您能尝试一个星期不管他，让他自己吃，慢点就慢点，只要他能自己吃完就好。"

场景二：婆婆抱怨你买了太多的东西。这时你可以这样说："妈，我觉得很委屈，因为我被婉转提醒了几次不要乱花钱。我希望您能信任我，停止对我的评判，我相信我有能力管理好自己的事情。"

场景三：公公、婆婆常常不经同意就翻看、挪动你们主人房的物件。这时你可以这样说："爸、妈，我感到有些困扰，因为有三次你们没问我就翻看、挪动我们房间的东西。我希望你们挪动我们房间的东西前，能先问问我们的意见。"

上面的"我句式"例子是和婆婆沟通时使用的，而让所有婆婆都愿意听的重点在于，做媳妇的不对婆婆进行评判（比如说这样好还是不好，对还是不对等），只表达你的感受、描述事实和提出希望。

以下的"我句式"例子，适合与丈夫沟通时使用：

场景一：老公居然忘记了你们的结婚纪念日，什么表示都没有。这时你可以这样说："老公，我感到很伤心，因为你忘记了今天是我们的结婚纪念日，我希望收到一份礼物补偿一下，或者今晚我们出去吃个大餐庆祝一下。"

场景二：你刚把家里收拾整齐，老公的东西又乱丢乱放。这时你可以这样说："老公，我感到很生气，因为我很辛苦收拾、整理好的房间，不到一个小时，又被你乱丢乱放的杂物堆满了，我真的希望你能尽量做到物归原位。"

让各位丈夫都愿意听的重点在于，做妻子的只对丈夫描述事实，不上纲上线，沟通时要去掉所有表示断定的字眼，比如：你总是、你从来都不、你每次、你一点

都不等，这些词非常容易让丈夫把注意力放在与你进行辩驳上。因此，你只需要表达感受、描述事实和提出希望即可。

布置一道难题给你，如果你的婆婆又一次没敲门就进了你们的房间……此时此刻，最好的"我句式"可以怎么说？欢迎大家思考一下，给出自己的答案。

实践案例精选

哼唧

前段时间我去幼儿园接儿子花展。突然地，我想上厕所，刚锁上门就听见花展在门口用哭腔哼唧，哇哩哇啦地说了一堆不知所云的话。他一哼唧，我就莫名地生气。我折回到门口，拉着他往过道走去。但就在这个拉走花展的过程中，我忽然意识到，这样的行为是不行的！我的脑子迅速转动，不停地闪过在家长课堂上学过的正面管教工具，"我句式"恰是此时最适合的解决工具。

我蹲下来，平静地看着花展："妈妈听到你哼哼唧唧，觉得很生气。妈妈讨厌花展这样的表达方式，你长大了，要学会用语言表达了，哼唧的方式不能让妈妈明白你的想法。妈妈希望你能尝试好好说话，妈妈非常乐意与你沟通，并帮助你。"

我刚说完，花展就停止了哼唧。他用一只手捂着我的嘴，意思是"别说了，我明白了"，另外一只手指着自己的衣袖，清楚地说："妈妈，请帮我放下去。"

我点点头，将他的衣袖整理好。他接着说："妈妈，你去上厕所吧，我在门口等你，好吗？"我惊喜着，花展不但表达得很清楚，而且还变得礼貌，这就是"我句式"带来的沟通结果。

和婆婆和解

上午我在学习，婆婆带皓皓出去玩，回来的时候是十二点二十分。我正学到关键地方，不想被打断，随口说了句："你们怎么不晚些回来呢？"没想到婆婆一下子就火了："你的意思是我们回来早了是吗？十二点多了，这算早还是晚？"

我有点莫名其妙，说："你干吗那么大声，我说什么了吗？"婆婆气不打一处来："你嫌我们回来得早呢！"我觉得婆婆这时候不可理喻，就说："我现在不想和你吵架，我也不想当着皓皓的面吵架，这样对他不好！"我沉默，婆婆也不说话了。

以前，我会跟自己说，让事情过去就好了，但我心里知道还会有下一次。我该怎么办呢？我翻看了一遍教材，明白了！可以用"一同解决问题的七个步骤"。这个工具我熟悉，知道该怎么说。可是对着刚吵了一架的婆婆，太别扭了。怎么办呢？对，先写下来！于是我找来一张纸，写了三点：

共情——"我知道您现在很生气，是因为我说了'你们怎么不晚些回来呢'这句话。我知道您带皓皓出去玩很辛苦，您也只是希望我对您说一句'妈，您辛苦了'。"

我句式——"妈，听了您大声质问我的话，我觉得很委屈。我根本不记得我当时为什么会说那句话，还请您原谅我不经大脑的话。"

头脑风暴，解决问题——"如果以后我们再遇到类似的小冲突，我希望我们能一起想办法解决。"

我还提供了三个选择：第一个是以后婆婆咳嗽一声提醒我说错话了；第二个是她不高兴可以去床上躺一下；第三个是我说话前先思考一下。

婆婆正背对着我站在窗边，我拿着纸过去，对着她就念："妈，我想就今天中午发生的事情和您说一下。"

婆婆听了，气似乎还没有消。于是我接着说："我知道您现在很生气，是因为我说了'你们怎么不晚些回来呢'这句话。我知道您带皓皓出去玩很辛苦，您也只是希望我对您说一句'妈，您辛苦了'。"

婆婆却说："我生气不是因为你说的那句话。我不高兴是因为我急急忙忙地赶回来，怕你嫌皓皓睡午觉时间太晚。谁知道结果就等来你这么一句话！"

我明白了她只是在发泄，并不介意我说的那句话。

我继续按照纸上写的说："妈，听了您大声质问我的话，我觉得很委屈。我根本不记得我当时为什么会说那句话，还请您原谅我不经大脑的话。如果以后我们再遇到类似的小冲突，我希望我们能一起想办法解决。"

婆婆说："那我天黑再回来吧！"婆婆不生气了，开了个玩笑。我笑着轻轻地捶她的后背，终于，婆婆的神情缓和了下来，"战争"结束。

我相信每个婆婆在听完媳妇真诚的道歉后，都会选择原谅媳妇的。我决定以后再有这样的事，我就用这个办法：先用"正面管教语言"写下来，然后再念给婆婆听。

二孩家长如何处理孩子之间的争斗

平等对待每个孩子并不是真公平，最好的爱是根据各个孩子的需要来给，即"分开爱"。

作为一对双胞胎儿子的妈妈，我经常被问："你的两个儿子会打架吗？"

"现在哥俩已经八岁了，回忆起来，他们能称得上打架的场景，可能不超过十次。"我这样一回答，又会被接着问："你是怎么做到的？"

这让我想起了在某心理学课堂认识的一对双胞胎姐妹，那是一对像仇人一般的姐妹。当时，她们被哥哥连哄带骗地劝进了那个心理学课堂。她们的哥哥为什么要这么做呢？在老师为姐妹俩做个案分析的时候，我才明白过来：姐妹俩从小吵架、打架，甚至长大成人后都还像仇人一样，老死不相往来。哥哥为了让姐妹俩和解，就把她们"骗"进了这个课堂。

课堂上，姐姐有很多抱怨，说父母偏心妹妹，每次发生争执，父母总是帮着妹妹。在姐姐抱怨的过程中，那位哥哥反复劝了姐姐几次："爸妈其实也是很爱你的。"姐姐听烦了，扭头便甩了哥哥一句："你还好意思说？她比我先出嫁，你把摩托车给了她，都没有给我！"我们看到，姐姐无时无刻不在和妹妹做比较，也无时无刻不在和妹妹抢夺各种资源；姐姐对父母是一肚子委屈，对妹妹更是一肚子怨恨……

类似于这对双胞胎姐妹的情况，对于如何处理两个孩子的争斗，正面管教有一个理念，就是：如果家里的两个孩子发生争斗，家长总是介入干预、做裁判，责备其中一个孩子，或者要求某个孩子承担两人争斗的责任，实际上只会激化孩子之间的争斗，严重的会导致持续一生的手足之争。换句话说，在多子女家庭中，如果孩子经常争斗，大多是父母造成的！那对双胞胎姐妹的故事就证实了这一点。

当时，还在学习正面管教的我一开始听到上面这个理念，感觉非常震撼。作为一对双胞胎儿子的妈妈，我也非常担心，万一我的两个儿子也成天打架，那我该怎么办。那个时候，我的两个儿子三岁，已经偶尔有一些争抢东西的行为。一想到如果我没处理好，他们甚至会争斗终生，我就不敢怠慢。因此，正面管教中处理孩子争斗的"3B原则"，也就是处理孩子争斗的三个方法，成为了我特别认真践行的工具之一。现在我的两个儿子之间几乎不打架，也是得益于这个工具。

处理好孩子争斗的前提有两个，主要就是家长要忍得住。

第一，不干预，就是不要出手帮某个孩子，或者替孩子制定规则。

第二，不评判，就是不评判谁对谁错、谁做得好谁做得不好。

在这个基础上，当孩子发生争斗时，家长就可以按照以下三个方法来应对。

方法一：走开（Beat it）。就是确定让孩子知道你看到他们争斗了之后才走开。很多时候，孩子们的争斗不是为了争夺某个具体的物件，而是为了争夺父母的关注。父母不干预，走开了，孩子们就失去了舞台，往往就会觉得抢也没意思了。

方法二：忍受（Bear it）。就是当孩子争斗时，家长在旁边沉默地观察，不干预。沉默有时特别有力量，它传递了一个信号：争斗是你们的事情，你们自己想办法解决问题。

方法三：引导孩子走出争斗（Boot them out）。比如：孩子抢夺玩具时，告诉孩子"玩具妈妈先收起来，你们协商好可以一起愉快玩耍了，妈妈再把玩具送回来"；让孩子各自都先回房间，想好不再争斗了再出来；孩子正在争斗的时候，也可以带点幽默，妈妈掏出手机说"刚好想拍一个打架的视频"，爸爸也可以在旁边开玩笑地附和"你们两个是不是想比试一下谁的力量大？有本事跟我这个大块头比一比"，然后扎起马步，伸出双掌……幽默和玩笑，特别容易改变孩子争斗的性质，甚至可以将争斗转变为新的游戏模式。

那个时候，我的两个儿子争抢东西的结局经常是老大易知泪眼婆娑地来找我，然后委屈地说："妈妈，易行都没有问我，就抢了我的东西！"

我通常会答："哦，弟弟抢了你的东西，你很生气，是吗？"

"是！"易知大声地说。

我会问他："那该怎么办呢？"

他会说："你帮我去批评他！（或'你帮我去抢回来！'）"

这时我会回答："妈妈知道你很生气，妈妈可以抱抱你，直到你感觉好一点。但妈妈没有办法帮你去抢回来，因为那是你和弟弟之间的问题，妈妈相信你们会找到让大家都能开心玩耍的方法。"

有时候，弟弟也会来找我投诉哥哥，我一般都是如此处理。慢慢地，当兄弟起争执的时候，他们就不再来找我了，他们已经学会了协商解决争执的方法，比如我经常看到哥俩商量一个玩具如何轮流玩，你玩多久，到点了换我玩。

多子女家庭避免孩子之间的争斗，还有一点非常重要，就是家长要认识到，平等对待每个孩子并不是真公平，最好的爱是根据各个孩子的需要来给，即"分开爱"。

曾经有一个二孩妈妈向我请教怎么搞定那个快十岁的老大哥哥，他特别眼红妈妈晚上陪四岁的妹妹睡觉，也要妈妈陪他睡。妈妈对他说："可以啊，偶尔你过来，妈妈睡中间，你和妹妹睡在两边，我们三个人一起睡，好不好？"

哥哥立即抗议说：“不公平！你单独陪妹妹睡了那么多次，也要单独陪我。”

妈妈说：“那妹妹怎么办？她还小，晚上要带她上厕所的。”

哥哥说：“妹妹跟爸爸睡！”

妈妈跟他解释：“你小时候，妈妈陪你更多，那个时候妹妹没出生，妈妈一直单独陪你啊。”

哥哥一直坚持，说：“你现在老是陪妹妹，不公平！”

这位妈妈说，那个时候哥哥总是把“不公平”三个字挂在嘴边。

事实上，我们成年人理解的“绝对公平”和孩子理解的是不一样的。孩子的感受就是事实，孩子觉得不公平、委屈就是事实。如果你家是多子女家庭，在听到某个孩子说爸爸妈妈不公平时，可以怎么做呢？非常简单，分开爱，听从孩子的引导。比如，前面说的那位妈妈，就是找了一个机会，安排爷爷奶奶带着妹妹回乡下住几天，妈妈单独陪着哥哥睡了几个晚上，后来哥哥就再没提这件事了。多子女家庭的孩子之间总是在观察和对比，这是本能，因此他们总是无意识地用各种方式来确认“父母是爱自己的”这个信念。所以，家长买礼物给孩子时，尽量询问每个孩子的意见，按需来买，实在不行，就买一样的，避免孩子认为你厚此薄彼。我听说过一对年龄相差二十三岁的姐弟，姐姐会吃弟弟的醋，偶尔会跟妈妈说：“妈，你对弟弟就是不一样，我小时候，你从来都没那么紧张过。”

分开爱，对多子女家庭来说，更好的方法是尽量确保和每个孩子都有单独相处的时间，每个孩子都有和爸妈专属的特殊时光。如果你是多子女家庭的父母，一定有过这样的体会：当你单独带某个孩子外出的时候，那个孩子会特别乖。这个现象也证实了，当孩子感觉到充分的爱和关注，并且没有被抢夺了爱的危险时，他就不需要通过制造麻烦来引起你的关注。这也揭示了阿尔弗雷德·阿德勒的核心理念：孩子感觉好的时候，才愿意表现得更好。

二孩之争，争的只是胜负吗？

我们家的两个孩子经常争抢东西，先是哭闹声，接着是追赶声，最后是告状声。"弟弟抢我玩具。""我是小的，姐姐应该把玩具让给我。""这个玩具是我先拿到的。"……就这样，姐弟俩无休止地互相指责。

有时我会耐下性子蹲下来了解事情的原委，试图维护公正；但有时也无力管教他们，只能由得姐弟俩大打出手、哭闹升级，然后情绪失控把两个孩子都骂一遍。而大部分时候我都会建议姐姐把玩具让给弟弟，姐姐虽然会被迫让步，但我发现时间久了，姐姐心里积累了太多不情愿的闷气，大人不在的时候会欺负弟弟；而弟弟也习惯性地认为姐姐把玩具让给他是理所应当的。

抢东西的事情总是反复发生，这使我很苦恼。看着姐弟俩的感情渐渐疏远，我开始寻求更专业的应对办法。

正面管教里面说，孩子的不当行为有四种错误目的，分别是寻求过度关注、寻求权力、寻求报复和自暴自弃。对照错误目的表，我分析弟弟可能是寻求过度关注，而姐姐可能是寻求报复。于是，我确定了如下行动方案：分别与两个孩子"单独约会""高效陪伴"，让他们知道自己在我眼里都是独一无二的。如果他们开始打闹，我会走过去看一下他们，平静地说"好吵啊，我到房间去了"，然后离开。

姐弟俩中若有一个人跑来跟我告状，我会先给第一个来我这的孩子一个安慰的拥抱。拥抱的时候我还会说："哎呦，受委屈了，快让妈妈抱抱。"一句话、一个拥抱足以平复孩子激动的情绪。

接着转向另外一个，说："这边还有一位委屈的小宝贝，是不是觉得好受伤啊？妈妈都心疼了，让妈妈也抱抱，好不好？"这时左拥右抱的感觉是非常有幸福感的，我们要把这种幸福感传递给孩子。

这时姐弟俩慢慢会由理直气壮的愤怒大哭转为委屈受伤的低声抽泣。等他们感觉好些了，我开始问他们：

"姐姐，现在还疼吗？""疼！"

"弟弟，现在还难受吗？""难受！"

"玩具玩得开心吗？""不开心！"

"现在你们俩谁玩到玩具了？""谁都没有！"

"哦，这样啊。那妈妈知道了，因为抢玩具，你们俩都被打疼了，还都哭了，而且玩具谁也没玩成，谁也不开心。看来抢玩具不是个好事，弟弟，你觉得呢？"

"嗯，这样不好！"

"姐姐，那你觉得呢？"

"嗯，不好！"

"那下次当你想玩姐姐手上的玩具的时候，你要怎么跟姐姐说才能让姐姐给你呢？"

"姐姐，你想怎么跟弟弟说才能让弟弟不会抢你的玩具，你们都可以玩？""我们一起想想办法，好不好？"这时我会暂停一下，如果孩子没有回答，我才接着问，"是否愿意听听妈妈的意见？"然后我给出一些方案，请他们选择，并且让他们都同意后再继续玩。

当第二次、第三次后，姐弟俩就慢慢开始进入解决问题的角色了，并争先恐后地说："妈妈，让我想想。"

"妈妈，我有一个主意，我让弟弟玩，我玩别的。"

"姐姐玩的时候，我数到10，姐姐就给我。我玩的时候，姐姐也数到10，我就给她。"

"我帮弟弟找一个别的。"

"我给姐姐一块巧克力，她就给我了。"

"我亲亲弟弟的小脸，他就同意了。"

"我们一起玩，可快乐了。"

……

在启发式提问的引导下，两个孩子慢慢学会了思考并且专注于解决问题，来找我的次数也越来越少，而且最后两人总能和解。

我还会再适时鼓励一下他们："你看看，打架这么严重的问题，你们两个人商量着就知道怎么解决了，妈妈觉得好轻松，谢谢你们！"

当我放下了责备、埋怨和不做"法官"后，我再也没有陷进他们俩的争斗中。不管他们俩的解决方案是什么，只要是他们相互商量、共同决定的，我都全部接受。因为孩子们学会了关注解决问题本身，学会了相互尊重，也懂得了如何为自己选择的解决方案负起责任。

夫妻关系对孩子性格的影响

夫妻之间难免会存在分歧，关键在于要学会求同存异，以相互尊重的方式处理分歧，为孩子做好示范。

很多家长不知道，夫妻不和对孩子的性格形成有着极大的影响。下面我们来分析几个生活场景，看看父母不和对孩子具体都有哪些影响。

小米的爸爸平时工作比较忙，陪小米的时间很少，所以只要小米要求买什么，不管多贵，爸爸都会答应，但是小米妈妈则担心，这会让小米养成大手大脚的习惯。小米爸爸给小米买玩具时，只要妈妈在场，她总会劝爸爸不要买。爸爸有几次当着妈妈的面，答应了不买玩具，回头又悄悄网购回来给小米。每每这时，小米妈妈就会很生气，抱怨爸爸惯坏了小米。

如果你是小米，下次想买一个新玩具，你会做什么决定？你是不是也会想"要买新玩具，就去找爸爸，爸爸肯定会答应我的"？

另一方面，小米比较胖，爸爸希望小米早上跟他一起跑步，但是小米经常起不来。妈妈看到小米还没睡醒，就常常说"让他多睡一会，明天再跑吧"。这时，在小米的内心，他又会怎么想呢？他可能会想"不想运动的话，就找妈妈帮忙，妈妈会帮我搞定爸爸的"。

就这样，小米巧妙地利用了爸爸妈妈的意见不统一，轻易地就能打破父母设定的规则。所以，我们可以看到，如果父母在孩子面前表现出意见不和，就很容易助长孩子的操纵欲。长此以往，孩子会缺乏规则意识和责任感，这其实是我们都不愿意看到的结果。

我们再来看小兵家的场景。

小兵妈妈晚上正在陪小兵做作业。小兵有点心不在焉，写着写着又玩起了橡皮。小兵妈妈忍无可忍了，吼了起来："我一不注意，你就开小差，能不能专心点？快点写作业！"正在客厅看新闻的爸爸听见妈妈的吼声，走了过来。看见妈妈在按手机后，他说："你自己先把手机放下。又发那么大火，干吗呢？"妈妈立刻反驳："我又没有玩手机，刚刚只是回复了一件工作上的事儿。"爸爸说："我都懒得说你，你一天到晚老拿着手机，自己都不专心，能带好孩子吗？"妈妈一听，马上反击说："你倒好，舒舒服服地看电视，还怪我了？有本事你来陪孩子写作业啊！"爸爸也急了："我不是说了嘛，让他自己写作业，都这么大了，该学会自己管自己了。你偏要盯着他，自己给自己找事儿！"

接下来的场景，你应该能猜得到，夫妻两人越说越生气，各种上纲上线，从小吵到大吵，最后还得冷战几天。大家可以想象，小兵在这个过程当中会有什么样的感受和想法。

其实，很多家庭都会发生父母争吵的一幕。有的是妈妈想让孩子赶紧去睡觉，爸爸却还在跟孩子疯玩；有的是爸爸希望孩子周日去做运动，妈妈却希望孩子去上美术课……公说公有理，婆说婆有理，谁也说服不了谁，然后夫妻俩当着孩子的面大吵一架。

英国约克大学的一项研究发现，相比于离婚，父母吵架对孩子的影响更严重，经常看到父母争吵的孩子，出现辍学、工作不顺和情绪问题的可能性比其他孩子增加了三成。因为父母经常性的吵架、甚至打架，会让孩子觉得这个世界是很不安全的，别人是不值得信任的，长大后他们会很难与人合作，也很难发展健康的亲密关系。另外，父母的争吵还会使孩子产生强烈的愧疚感，他们会在潜意识里将父母争吵的原因归结于是自己不够好；这样的孩子出现抑郁、焦虑、强迫、狂躁等心理疾病的可能性也大大增加了。

我们曾经辅导过一位有轻度自闭症状及人际交往障碍的孩子，她叫彤彤。当第一次走进我们的沙盘游戏咨询室时，她摆了很多毒性动物的模具，例如毒蛇、蜘蛛、蜈蚣等。有时候她还会自言自语，或者突然跑到咨询师身边紧紧地抱住咨询师。后来，咨询师与彤彤及彤彤的爸妈进行了多次沟通，基本证实是父母经常吵架导致彤彤出现了心理障碍。

彤彤的爸妈经常当着她的面吵架，而且常常逼迫彤彤表态支持哪一方，这是最严重的伤害，因为这种做法是在逼迫孩子把对父母的爱割裂开来。为了是否要让彤彤上重点小学，彤彤的爸妈在彤彤面前有过一次非常激烈的争吵。妈妈主张搬家，而爸爸觉得没有必要，夫妻俩便把分歧转移给彤彤，一直逼彤彤表态，问她想怎么样。最后一家人还是搬了家，彤彤也进了妈妈选的那所重点小学。但是彤彤很不开心，非常不适应小学生活，无法专心上课，也因为她常常情绪化，同学们并不喜欢她。

很多夫妻吵架时，都会像彤彤的爸妈一样逼孩子表态："你说，爸爸说得对，还是妈妈说得对？"孩子表态了，不管孩子支持哪一方，另一方就责怪孩子没有站在自己这边；如果孩子不表态，夫妻双方就会一直吵下去。在这样的环境中长大的孩子，会很难信任父母，而且会感到愧疚、害怕，极度缺乏安全感，最终引发心理障碍。

总之，父母常常在孩子面前争吵，轻则会让孩子产生操纵欲，左右逢迎、没有规则；重则会让孩子产生愧疚感，觉得这个世界是很不安全的，长大后很难与人合作，很难发展健康的亲密关系，容易导致抑郁、焦虑等心理疾病。

我们都是人，不是神。我们不可能在夫妻之间消灭所有分歧，但是我们可以学会如何相互尊重并解决分歧，这一点对教育孩子的意义重大。不知道你留意过没有，当你与另一半意见不统一时，你是否有用过相互尊重的方法来解决分歧呢？

我推荐以下四种方法：

方法一：其中一方保持沉默或者离开现场，交给另一方处理，事后再找一个孩子不在的场合，交换双方的想法。这样的做法就是要确保即使夫妻憋不住要吵架，也努力不当着孩子的面吵。

方法二：夫妻双方达成共识并让孩子知道，他必须得到爸妈双方的同意，才能去做他想做的事。比如前面提到的小米想买玩具，爸爸可以这样说："我同意，但你要问问妈妈的意见，如果她也同意我就给你买。"

方法三：夫妻都不要做"和事佬"。比如，妈妈说不给买玩具，孩子一定要买，爸爸觉得无所谓，然后提议买一个便宜的。其实这还不如不说。爸爸要么让妈妈和孩子商量，要么就坚定地站在妈妈这一边。"和事佬"的做法只会让事情变得更加复杂。

方法四：定期召开家庭会议，确认全票通过的议事规则。这个家庭会议与我们传统中的一言堂是完全不同的概念，在这里每个家庭成员的想法都有机会得到充分的表达，只有所有人都同意的决定才能被执行。有一位家长的八岁女儿，在上小学二年级时提出了买电话手表的想法。夫妻对此没有意见，但奶奶反对，担心太贵了会造成攀比。经过两次家庭会议讨论，女儿搜集资料说服了奶奶，打消了奶奶的疑虑，全体投票通过买电话手表的决定，皆大欢喜。在这个过程当中，女儿也学到了很多知识并增强了沟通能力。关于家庭会议怎么开对孩子帮助最大，我会在后面的内容里讲到。

既然分歧不可避免，我们就需要学会求同存异，用相互尊重的方法去处理分歧。这本身也是在给孩子一个示范，让孩子在潜移默化中学会如何以彼此尊重的方式处理与他人的争执。

实践案例精选

老师批评孩子，我该站在哪一边？

昨天傍晚去学校接我的小女儿时，我被老师请进去谈话。我的第一反应是：女儿上课不认真听讲。果然被我猜中，老师说她上课不专注，喜欢回头与后面的同学说话；作业做错，而且那道题全班就她一个人错。刚开始女儿是和我一起在办公室的，她看到老师和我谈话就想离开，没想到老师让她留下来，然后再一次说了她上课说话、不认真听讲、全班只有她一个人做错题的话（当时我很理解老师，老师的出发点是好的，但同时我也担心女儿，担心她内心受伤）。等老师说完，我马上对老师说："谢谢老师的关注，我一定支持老师的工作。"同时我也当着女儿的面告诉老师，女儿对这门学科是十分感兴趣的，我也是一直鼓励女儿学好这门学科（事实上女儿也确实是喜欢这门课）。老师当时也很开心地当场鼓励了我女儿。

回家后我就开始想，怎样的交谈既能引导孩子从错误中学习又不会让她有抵触情绪呢？第二天上学的路上，我开始与女儿谈心。

"上课回头与同学说话，老师批评了你，你的感受是什么？"

"我不开心。"

"那你当时的决定是什么？"

"我不会回头说话了。"

"你当时的想法是什么？"

"我并不想回头说话，我希望老师能多请我回答问题。但是我回了一下头，发现她已经不开心了。"

"是的，其实你并不想在上课时回头说话。如果老师在上课时拿出一个又大又红的苹果，问全班的同学想不想吃，你会怎么想？"

"我想一个人吃。"

"如果老师说想让全班的同学都吃到苹果，怎么办？"

"那就一人咬一口。"

"还有其他办法吗？"

"分成 45 块，一人一块。"

"妈妈觉得你好有办法。你很爱动脑筋。"

此时我看她的表情已经完全没有了被老师批评的不开心，而是作思考状。

我说："老师对班里同学的爱就像一个大苹果，同学们都想得到一整个苹果，但老师为了让每位同学都得到她的爱，不得不把她的爱分成45份。老师的上课时间也只有45分钟，如果要请每位同学来回答问题，那就没时间来教你们新的知识了。如果你是老师，你会怎样请同学回答问题呢？"她想了想说："只请几位就行了。"

"嗯，妈妈觉得你的办法很好。"此时已到校门口，她笑着与我道别，开心地走进了学校大门。我相信她对于老师为什么不能请她回答问题已经有了自己的答案。

如果没有学习过正面管教，也许我会站在老师那方批评孩子，而听不到孩子真正的想法；如果没有学习过正面管教，也许我会责备老师对孩子太严苛，因而破坏了与老师的合作关系。幸好，有了学习与觉察，我没有因为老师的一次批评就让孩子走向了"坏"孩子之路。

出生顺序对孩子有什么影响

同一个家庭中不同出生顺序的孩子，对自己的养育环境会有不同的解读，进而影响他的性格形成。

了解出生顺序对孩子性格的影响，是你"走进孩子内心世界"的另一条捷径，它能帮助你加深对孩子真实内心的了解，从而更好地教育孩子。好多家长在理解背后的真相之后都恍然大悟，称遗憾知道得晚了。

我们可以留意一下自己的兄弟姐妹和身边的大多数朋友（不看特例），一般情况下，他们是不是都这样。

老大表现出来的性格特点是负责任、有担当、勤劳，也相对谨慎、保守。老大挣了 10000 块钱，恨不得存起来 9000 块，以备不时之需。

中间的孩子是"夹心饼干"，通常比较善于察言观色、圆融、积极、有野心，也容易嫉妒，不容易担任追随者的角色。老二（或处于中间年龄段的孩子）挣了 10000 块钱，花掉和存起来的比例可能是一半一半。

老幺（最小的孩子）通常比较自由、灵活，有创新精神，也相对贪玩、懒惰、不够独立。老幺挣了 10000 块钱，恨不得花掉 20000 块钱，敢于透支提前消费。

在国内，独生子女是很特别的群体，数量也比较大，我们在下一节进行探讨。

那么，到底是什么导致了同一出生顺序的人，会有那些共性特点呢？

我们先来看看老大。关于出生顺序的研究，专家们发现存在"长子多俊杰"的现象。这在很多领域得到了验证。比如，有一项调查发现，43％的企业 CEO 是长子；美国国会议员、外科医生和工商管理硕士中，长子的比例也格外高；诺贝尔奖获得者中，是长子的也很多。

1. 老大的性格形成分析

老大刚出生时，受到父母全然的关爱，因此基本的安全感是足够的，这也就为老大的乖巧和懂事奠定了基础。

老二出生后，父母的注意力被分散，老大的焦点地位会明显受到侵害，这种创伤性的地位下降给老大带来了恐惧和危机感，从而让老大形成易焦虑、紧张、保守、谨慎的性格特点。要避免老大的劣势，最有效的方法是在老二出生后，父母仍然能常常安排和老大独处的特殊时光。

老大常常被赋予责任、被期待、被责成照顾弟妹、做好榜样——这其实是父母对待其他出生顺序孩子也应该努力做到的；另外，在成长过程中老大在认知和体能上一直占据优势，比较容易在孩子中占据"领导"地位。上述两点原因，正是"长子多俊杰"的秘密所在。因为在家中占据"领导"地位，老大的价值感是充足的，所以有较高的成就动机，也相应地产生了一定的控制欲和支配欲。

我姐姐就是典型的老大性格，从小承担家务、勤劳勇敢，但是保守谨慎，从来都不敢投资买股票。只要有家庭聚会，她就一直在厨房忙碌，我和弟弟都是袖手在旁边等吃的。

2. 老二（中间的孩子）的性格形成分析

阿尔弗雷德·阿德勒认为，排行中间的孩子要想获得父母全然的关注与爱，必须做出引人注目的行动，因此他们喜欢竞争；另外，他们既没有父母交与的特权，也不能享受幼子的自由与放纵，客观上，他们感受到更少的爱和关心，因而缺乏安全感。同时为了从长子和幼子那里抢夺父母的关爱，他们必须迎合父母的需求和喜好，他们因此学会各种"外交策略"与"政治手段"，更容易去合作，也慢慢形成了很在意他人评价和社会赞许的倾向，会努力维持自己在别人心中的形象。

关于中间孩子的研究，专家们发现了一个定律，叫抗同一性。在多子女家庭中，孩子若想得到更多关注和肯定（想获得归属感和价值感），就会观察哥哥或者姐姐的行为举止，然后自己反其道而行之，这就是所谓的"抗同一性"现象。例如，第一个孩子成绩优异、勤于工作，第二个孩子则很可能是一个懒鬼，而第三个孩子在"抗同一性"的作用下又会变得勤快……

可以这样比喻，多子女的家庭就像一个大舞台，即将热闹上演一出大戏。如果一个孩子已经占据了一个"好孩子"的角色，那么其他孩子则可能觉得必须找到其他的角色来扮演，比如反叛的孩子、爱运动的孩子等。这时你可能会有疑问：为什么孩子们不明白，他们其实可以都做好孩子？

这是因为在大多数孩子的潜意识里，他本能地相信，为了获得归属感和价值感，自己需要与其他孩子不同。如果你是多子女家庭，而且希望所有的孩子都选择在同一方面表现出色，你就必须在家里营造合作而非竞争的氛围。对父母而言，避免孩子的抗同一性，最重要的是不要比较孩子，关注每个孩子的优点。如果你常说"你看哥哥，很早就学会自己洗澡了""你怎么就不能像姐姐一样，自觉一点？你看妹妹，她就比你乖很多"诸如此类的话，毫不夸张地讲，这些话绝对是孩子成长的精神毒药。

曾经有一个个案，一个小姑娘在读小学二年级时出现了强烈的厌学情绪。每天上学都是一场斗争，无论父母如何劝说，她都不愿意走进学校。妈妈问过老师，她并没有跟其他同学发生过冲突，老师也没有严厉责备过她。其实，二年级的学习压力还不是很大，那导致小姑娘强烈厌学的原因到底是什么呢？

最后发现，原因竟然出在已经从这所学校毕业的姐姐身上。姐姐都毕业了，还能对妹妹有什么影响呢？原来，因为姐姐品学兼优，是全校出名的好学生，所以从妹妹上小学的第一天开始，老师们就以"哦，你是某某的妹妹"来称呼她。从上学第一天起，她就活在了姐姐的光环下，而爸妈也经常让她向姐姐学习。她隐约还听到老师和爸妈在背后评论她："唉，跟姐姐比，妹妹有差距。"

在她看来，无论自己在某个领域多么努力，她都找不到归属感和价值感，所以选择放弃。她的妈妈用了一年的时间才改变了局面：只字不提姐姐学习的事，而是不断鼓励、肯定她点滴的进步。最终，小姑娘的厌学情绪消失不见了。

我们最后看看老幺（最小的孩子）。

3. 老幺（幼子）的性格形成分析

在幼子的成长过程中，他们会得到很多关注和帮助，但又有很多"模范"难以超越。他们永远是家里的宝贝，即使长大了仍显可爱；他们的安全感比较强，比其他的孩子更乐观或更任性；他们总是无忧无虑，情绪也大多处在比较稳定的状态；因为总能得到帮助，所以他们形成了依赖、不够独立的性格，长大后可能因此一事无成。

老幺们不太在意生存压力，生活显得更自由，愿意花时间和精力来完成自己喜爱的研究和创作。这

也许是幼子更有可能成为发明家或艺术巨匠的原因。

对于老幺，父母最重要的就是要赋予孩子责任，减少特权。这样才能帮助老幺建立"我有能力"的自我认知，他们也才敢于承担责任，才不会把得到别人的照顾当作理所当然。

我们看到，同一个家庭中不同出生顺序的孩子，接受的养育模式其实可能是完全相同的；每个孩子对自己的养育环境的不同解读，最终形成了孩子的性格。

	基本情境	好的结果	不好的结果
老大	刚出生时受到父母全然的关爱；老二出生时父母的注意力被分散；被责成照顾弟妹、做榜样；较易占据孩子中的"领导"地位	负责任；独立；保护并照顾他人；行事一般更似成人，更具有社会责任感，更能适应社会压力	容易产生内疚和不胜任感；感觉不安全，害怕失去；故意指责、悲观、相对保守；关注规则
老二或中间的孩子	有长子作为竞争或超越的目标；出生后便要与长子共享或争夺父母的关注；要想获得父母全然的关注与爱，必须做出引人注目的行动	野心勃勃；具有社会兴趣；比其他兄弟姐妹更具有适应能力	背叛或嫉妒；具有压制他人的倾向；不易担任追随者的角色
老幺	有很多模范难以超越；得到很多关注；有很多人帮助；虽然要共享父母的关注，但"特权"不会被移除	有很多刺激；有很多竞争机会；容易超越其他手足；被期待程度不高，可自由发挥	缺乏勇气、不独立、懒惰、总感觉比别人差；成为问题儿童／成人的可能性较高，仅次于长子
独生子女	得到父母全然的关注；缺乏兄弟姐妹竞争，倾向于与父母竞争；照顾过度，易被娇宠	较早熟；较早表现出成人的兴趣与态度，也可能有雄心；较温和，惹人喜欢	希望成为注意力的焦点，担心与人竞争；认为自己的立场最正确，任何挑战都不公正

我们都知道，孩子们有很好的察觉和感知能力，但他们的解释能力却很差，这一点在对出生顺序进行研究时体现得尤其明显，他们很容易往错误方向去解读。也正是这个原因，父母学习和了解出生顺序对孩子性格形成的影响才显得如此重要。每个出生顺序的孩子，都需要有对应的"养育说明书"。

实践案例精选

"打人是臭屁！"

姐姐泡泡五岁半，妹妹朵拉三岁半。

最近，我们一家去海洋公园玩，玩了一整天，所有人都又累又饿。于是，我们找了一家餐厅吃饭。

在等上菜的时候，姐姐无聊地拿着铅笔在点菜纸上画画，朵拉跑去抢姐姐的笔，姐姐很不耐烦地推开她，她也不甘示弱地挥手打在姐姐的头和肩膀上。

姐姐被打哭了，可是忍住没有还手，只是哭戚戚地看着我。

我说："姐姐，朵拉打你，你觉得很疼是不是？"姐姐哭着点点头。

看到姐姐哭，朵拉说："姐姐，对不起。"姐姐不理她，她提高嗓门又说一次："姐姐，对不起！"姐姐还是不理她，她又更大声地喊叫："姐姐，对不起！"

在朵拉的概念里，说了"对不起"，对方就应该回应"没关系"，如果得不到她期待的回应，她就会没完没了地说下去。

我不耐烦地说："姐姐被打疼了，她现在不想跟你说'没关系'。不是每次打人都没关系的！"我一说完，朵拉就哇地大哭起来。对着两个在哭的娃，我说："你们肯定又困又饿又累了，我抱一抱你们吧，等吃完东西我们就回房间。"我把朵拉抱在腿上，另一个胳膊搂着姐姐。没想到，朵拉在我的手上没有半分钟就睡着了，姐姐也平静下来。

爸爸对姐姐说:"姐姐觉得很委屈是不是?可是姐姐刚才没有还手,姐姐真棒!"

姐姐点点头。

我说:"唉,我真不希望看到你们打架,打架就像臭屁一样让人讨厌。"

听到"臭屁"姐姐笑了,她这个年纪听到"屎、尿、屁"就会刺激她的"笑"神经。她兴奋地说:"就是,打人就是臭屁!"

我说:"我们来玩一个游戏,你打我一下。"她轻轻地拍了一下我的手臂,我轻轻地说:"臭屁!""哈哈哈,妈妈,你也打我一下。"我也回敬了她一下,她开心地说:"臭屁!"然后,我们俩笑作一团,把刚才的烦躁都赶跑了。

第二天,姐姐对着刚起床的朵拉说:"朵拉,你打我一下。"朵拉乖乖地照做了,姐姐捉弄到了朵拉,得意地说:"臭屁,妈妈说打人是臭屁!"朵拉听到这几个字,也触动了她的笑神经,笑个不停。朵拉说:"姐姐,你也打我一下。""臭屁!""哈哈——"两人把这个当游戏来来回回玩了一早上。

从那以后,她们之间的打闹会因为其中一方说"臭屁"而突然转为玩笑。有时候,朵拉会认真地说:"姐姐,我刚才是不小心碰到你的,我不是臭屁!"

孩子们通过感受来探索和学习,手足之争的相处也是宝贵的人生经历,丰富了她们的探索和学习,相信孩子能从冲突中学习到重要的生活技能。作为成人,我们要做要说的不多,带着信任祝福孩子就好。

（本例由陈绮提供）

独生子女教养须知

给孩子创造一个安全的环境，鼓励孩子的探索行为，就能保护和激发独生子女天然的创造力。

我们从几个在上世纪七十年代、八十年代、九十年代出生的独生子女的故事当中，看看不同的出生年代对独生子女会有一些什么样的影响，也从他们的故事当中，看看对我们教育孩子有些什么样的启发。

我是70后，小的时候，特别羡慕那些独生子女，认为他们集万千宠爱于一身，可以得到父母充分的爱和关注，想要什么父母就给买什么，想去哪玩就去哪玩。在那个物资匮乏的年代，我觉得他们真幸福。

但在深入了解了几个70后的独生子女的朋友后，我大吃一惊，他们回忆中的童年，居然都很"凄惨"。我问他们："你们不是集万千宠爱于一身吗？怎么就凄惨了？"他们会带着特别无奈的表情说："是集万千宠爱于一身，但是，也集万千期待和压力于一身啊！"

家长学校有个陈老师，她就是一个 70 后的独生子女。她告诉我，上世纪七十年代初，独生子女其实还不多见，而她父母的兄弟姐妹则很多，因此她有七大姑八大姨，还有爷爷奶奶、外婆外公、太公太婆等一堆长辈。见面时，他们第一句话都会问她："学习成绩怎么样？"也都会叮嘱她："你爸你妈那么辛苦那么累，舍不得吃、舍不得用、舍不得穿，把最好的都给了你，你要乖，要好好学习，他们就你一个孩子，未来全靠你了！"

陈老师说："小时候听到这些话，我就感觉到很沉重的压力，也很愧疚，觉得快被压得喘不过气来。"

陈老师补充说："我还有个深刻记忆，我的父母，特别是我妈，把她所有的人生希望、理想全部寄托在我身上。我感觉我做的一切事情，都是为了取悦妈妈，同时也要顾及所有的长辈。尽量让大家都高兴，这就是我成长过程最重要的生活内容。

"长辈们的脸色就是我生活的晴雨表，我观察着他们的脸色过日子。他们开心，我就知道我这样做是对的，这样做是好的。不过，大部分的时间里，我感觉他们都是不开心的、不满意的。特别是我妈，总是各种评判、挑剔、否定和指责。我从不敢犯错，因为我稍有犯错，就会被责罚……我一直有种感觉，一种被一群人盯着不放的窒息感！"

成年后的陈老师，一直不快乐。其实，她是很有智慧和能力的，就是能量不大，情绪不稳定，这极大地影响了她的工作和生活，否则她的人生和事业一定能有更高的高度。

因此，独生子女父母要做的第一个功课就是避免对孩子期望过高，因为期望过高与否定孩子，这中间可以划个等号。家长放下期待，孩子才有机会成为最好的自己。常常被否定的孩子，自我价值感低，容易产生无力感，成年后也不容易掌控自己的生活，学习和生活都难以坚持、容易放弃。

80 后的独生子女如雨后春笋，一批一批地出现。他们缺乏兄弟姐妹的竞争，甚至连表兄弟姐妹的竞争也开始缺失。再者，大多数 80 后独生子女的父母都工作繁忙，也没有意识去创造条件，帮助孩子在成长过程中结交朋友。因此，80 后的独生子女不喜欢竞争，他们大多数人的身上有一个共性：喜欢独处，又害怕孤独，也可能有完美主义倾向。通常，在追求完美方面，80 后会觉得成为独一无二的人比成为第一更重要。

80 后独生子女的孤独和不适应竞争让我们知道，独生子女父母要做的第二个功课就是鼓励独生子女多交朋友，帮助他们发展同伴关系。同伴的游戏和沟通更能激发孩子的创造力，帮助孩子学习合作、适应竞争，这样孩子在成年后也就能适应社会竞争，更容易融入团队；否则，孩子会倾向于与父母竞争，成年后很容易会认为所有的竞争都是不公平的。

如果实在不行，帮助独生子女养只宠物，也是一个不错的方法。当然，养狗更好，因为狗通人性，狗狗能在一定程度上扮演孩子的兄弟姐妹的角色，既能陪伴孩子，也需要孩子的照顾，比如狗狗需要帮忙洗澡、遛弯等；狗狗也会跟孩子争宠、抢夺关注，孩子就会从中学习到如何处理同伴关系，也能发展出同理心和社交技能。

80 后独生子女的父母，因为只有一个孩子，所以一般都很重视孩子，家庭条件好一点的还很容易宠溺孩子，包办孩子很多本该自己承担的事情。这些家庭的独生子女，更像多子女家庭的老幺，比较贪玩、操纵欲强、逃避责任；而且因为没有大孩子的榜样和竞争，独生子女不像老幺那样会收敛，而是把老幺的某些缺点发挥得更淋漓尽致。但是，很多老幺身上展现的"八面玲珑"的社交能力，独生子女却比较缺乏。他们往往以自我为中心，遇到人际冲突时喜欢逃避，或者以"硬碰硬"的方式去解决。

很多独生子女由于太过自我，也造成了不少的悲剧。这样的案例告诉我们，如果家长一味地和善，没有坚定的立场，被娇纵的独生子女将无法形成清晰的界限意识，缺乏规则感和界限感。所以，作为独生子女的父母，和善与坚定并行，帮助孩子建立规则和秩序，非常重要。

我们再看一下现在的独生子女。球球才两岁多，却是我见过的最有办法把爸爸妈妈、爷爷奶奶耍得团团转的孩子。

过年时，他们一家来我们家玩，球球拿起一个水果就往地上摔，爷爷立即说"不能丢"，边说边帮他捡起来。于是，球球就玩起了乱丢水果，让爷爷一次次捡起的游戏，直至玩腻为止。最后爷爷累得气喘吁吁的。球球想自己吃饭，妈妈说怕他吃得一团糟，坚决不同意。球球就要求看动画片才吃，奶奶马上拿出手机开始放动画片，球球这才愿意坐下来，奶奶就一直喂球球吃饭。看见哥哥正在玩玩具，球球就去抢，还张嘴咬哥哥的手。球球的爸爸很尴尬，赶紧把球球抱开，对他说："不能咬哥哥，如果你听话，爸爸就给你玩手机。"可是之前爸爸说过不准玩手机的……

你看到了吗？这看上去好像是大人在管教孩子，但其实这个孩子已经知道如何逼迫他身边的大人不断妥协、迎合他的需求。

球球一家正是中国90后、00后独生子女家庭的一个缩影。球球的爸爸代表的是独生子女政策后出生的第一代独生子女，当这些"独一代"长大后，结婚的对象也往往是独生子女，"双独"子女组成的家庭生下了90后、00后这些"独二代"，三口之家又衍变成"四二一"的倒金字塔型家庭结构。这些"独二代"不仅和他的父母一样没有手足，也没有伯伯、叔叔、姑姑、阿姨、舅舅等亲属关系，生活上面对的是四个老人和父母两人，六个大人围着一个"小太阳"。"独一代"的父母一心想把最好的东西都给孩子，又担心孩子有任何闪失，"独二代"因此享受着更多的关注，但是他们往往也容易被过度保护或包办代替。

如果延续这样的成长环境，球球未来的责任意识、独立能力是堪忧的。因此，我们建议"独二代"的家长们努力做到用"放手"代替"过度保护和包办"。

在上面球球的例子中，独生子女在成长的过程中最容易被包办的事就是吃饭。当孩子想自己吃饭时，很多家长会认为孩子的能力还不足以自己吃饭，坚持要喂孩子吃。同样地，穿衣、穿鞋、上厕所等这些孩子在三四岁时就足以胜任的事情，有多少大人总是因为担心孩子穿不好、穿得慢、做不到，常常替孩子做了？

根据孩子的能力发展，逐步放手让孩子做力所能及的事情，可能是现代独生子女父母最难完成的一门功课。因为生活节奏越来越快，而替孩子包办一切的效率远远高于放手让孩子自己做。但是，我们要明白，唯有放手，让孩子自己面对困难、自己学着解决问题，孩子才能逐步培养起"我是有能力的"的信念，从而成为一个敢于承担责任的人。

另一方面，我们也应该看到独生子女带来的天然的性格优势，比如自由、富于创造力等。童话作家郑渊洁属于50后少有的独生子女，他创作的皮皮鲁和鲁西西系列童话，以脑洞大开的情节打动了整整几代人。

郑渊洁说："我的父亲从来没有打骂过我，如果我'犯了事'，父亲'惩罚'我的方式永远是写检查。"父亲的包容和陪伴，成就了郑渊洁后来的创作之路。

给孩子创造一个安全的环境，鼓励孩子的探索行为，就能保护和激发独生子女天然的创造力。

因此，独生子女的父母如果能正视教养方法上存在的过度娇纵、过度保护、过度补偿、过度期待、苛求完美、过度控制等不恰当的方式，改用上面提到的正确方式来养育孩子，独生子女也可以被培养成为负责、独立、自律、有创造力的人。

独生子女教养须知

- ・避免对孩子期望过高。
- ・鼓励孩子多交朋友，发展同伴关系，帮助他学习合作、适应竞争。
- ・和善与坚定并行，帮助孩子建立规则和秩序。
- ・用"放手"代替"包办和过度保护"。

实践案例精选

爱的蜡烛

刚上高一的琦琦正处于青春期，我想在她开学前好好和她沟通一次。

在她做完作业休息时，我邀请她和我一起做一个活动，这是我在正面管教课堂里学到的。

琦琦边倒水边一脸警觉地看着我点燃了四根蜡烛，用她近来常用的暗讽口气说："哎呀，搞什么仪式啊？"我仍记得复习过的关键词：看到不同，关注正面；给孩子力量；先连接再纠正；关注解决办法。技巧：共情、肢体接触、启发式提问等有效沟通、和孩子的特殊时光。

我走过去，看着她说："琦琦这几天累坏了，是因为拓展后身体很累、课程很紧凑的缘故吧。可不可以在你休息的这一阵子听妈妈讲个故事呀？"我把她扶坐在餐桌前，摇曳的烛光散发出温暖的气息。

我抓住机会问她："这四根蜡烛都代表每个人的爱，你想让哪一根代表你？"琦琦指了指最高的那一根。我拿起了另一根较高的蜡烛，说："那这根代表姥姥的爱，姥姥把全部的爱都给了妈妈。"我举起了代表妈妈的蜡烛，并用姥姥的蜡烛与妈妈的蜡烛的火相连，继而分开，"姥姥的蜡烛光亮有变少吗？""没有！""那妈妈的爱在不在？""在！"我放下姥姥的蜡烛，拿起代表爸爸的蜡烛，说："妈妈在姥姥的爱里长大了，后来，妈妈遇到了爸爸，妈妈把全部的爱给了爸爸。"我又将代表爸爸的蜡烛与妈妈的蜡烛的火相连，继而分开，"那妈妈的爱有没有减少？""没有！""妈妈和爸爸想有一个宝宝，把我们全部的爱都给她，所以就有了你。"我把手中的代表妈妈的蜡烛与代表爸爸的蜡烛同时与代表宝宝的蜡烛相连，继而分开，仍是问："妈妈的爱有没有减少？""没有。""爸爸的爱有没有减少？""没有！""以后，你会遇到很多人，也会恋爱、结婚、生孩子。如果把所有的爱都给他们，你的爱会不会减少？""不会。可是，妈妈，为什么只有四根蜡烛，爷爷奶奶呢？"我笑了，说："每个人都用一根蜡烛代表，桌上就摆不下了，隔壁的阿姨只借给妈妈这四根蜡烛做代表。别人把爱给我们，他自己的爱会不会减少？""不会。""我们把爱全部给了别人，自己的爱会不会没有了？""不会。""你会不会接受别人的爱并把爱传给别人？""会。"这个时候，琦琦的眼睛里竟流下了泪，她说："妈妈，为什么给我讲这个故事？我只是去上学。"

我抱了抱她，说："这个故事叫爱的蜡烛，妈妈只是想告诉你，妈妈爱你。"很快，琦琦就恢复了镇定，告诉我她这几天来在学校经历过的人与事，之后她说："妈妈，我一会儿收拾完东西就睡了，明早不要喊我，你直接去上课吧，我会自己煮东西吃。我该去学校的时候可不可以帮忙叫个车？""当然可以，照顾好自己，早点休息，妈妈去睡了。"

第二天，我准时去上课，琦琦发短信说："已起，东西也已收拾好，煮了方便面，联系院里的新同学，搭便车回校，第一天正式在外面住，有一点兴奋。"

经历了这一次小小的活动，女儿青春期的种种对抗与不合作有了改变，至少是前进了一步，翻开了新篇章。爱的蜡烛，真管用！

（本例由方杰提供）

第三章

如何培养孩子自我管理的能力

作为家长，如果你发现孩子的自我管理能力没有达到适龄阶段应有的程度，比如孩子在幼儿园能自己吃饭，回家却得喂，今天忘带书本明天忘记抄习题，作业拖拉磨蹭难以自主完成等。此时，你可能需要反省：是不是自己管得太多了？

担心、紧张、焦虑和恼火，是孩子不能自主解决问题时家长常有的情绪，而由此引发的包办、惩罚、娇纵和打击，也成为了传统家长常用的方式。采取这些方式的背后，归根结底是家长缺乏对孩子自主能力的信任，打心底里认为优秀的孩子是被"管"出来的。同时，也恰恰是因为家长管得太多，使得孩子被剥夺了自我管理的权利，丧失了独立解决问题的勇气和自信，以及由此带来的自我价值感，从而慢慢走向了依赖。

在这一章，我们会探讨家长可能会造成孩子过度依赖的多种行为，以及家长应该怎么做才能激发孩子的内驱力，成为推动孩子自我管理的那双手。

如何激发孩子的内驱力（上）

唤醒灵魂，激发孩子的内驱力，就是最好的教育。

有一次，朋友邀请我去农庄玩，同行的还有她的一位同事和我们各自的孩子。朋友告诉我，她同事的儿子叫柱子，六岁半了，上一年级，自我管理能力很差，总是和大人唱反调，一点规则意识都没有，柱子妈妈时常崩溃，让我给柱子妈妈支支招。

一进农庄门口，我就听见柱子妈开始反复叮嘱柱子："柱子，记住妈妈跟你说的，刚下过雨，农庄里的泥地都湿漉漉的，你的鞋是新买的，好好走路，千万不要踩到泥坑里弄脏了。弄脏了，妈妈不帮你洗的，你得自己洗。每次妈妈洗你的鞋，都脏死了。听到没有？"

想必大家都猜到了吧，才刚玩了一会儿，柱子就踩进小泥坑里了。柱子妈虽说和我们在聊天，但完全没有放松警惕。她一直盯着柱子，一看到他踩到泥坑，就立即飞奔过去，反应速度之快让我很是惊讶，仿佛这一切她早已预料到。

柱子妈一边用纸巾帮柱子清理鞋子，一边数落他："你看你看你看，又被妈妈说中了吧。妈妈都跟你讲了一百遍了，叫你小心，不要踩到泥坑里，你为什么就是不听？你是不是故意的？你就想气死你妈啊！"

你猜，柱子会说什么？柱子的回答是大多数孩子的标准答案："你哪有说一百次？我一次都没听到！"

接下来在农庄的时间里，柱子妈一直奔忙着，斥责柱子的声音此起彼伏：

"柱子，你看你看你看，热得满头汗了吧？叫你别穿这件衣服来，你偏不……"

"柱子，你看你看你看，叫你不要乱动，又毁坏东西了吧……"

"柱子，你看你看你看，叫你别跑那么快，又摔跤了吧……"

"柱子，你看你看你看，叫你别去弄那些泥，又把衣服弄脏了吧……"

柱子妈不知道，也正是她的盯防、数落和不断帮忙解决问题，毁掉了柱子自我管理的内驱力，柱子才会表现得没有规则意识，总是和大人唱反调。类似柱子这样的孩子，家长往往会因果倒置地说："我也没办法呀，孩子那么调皮，不盯防、不打骂真的不行啊。"

其实，像柱子妈这样的打骂、斥责、鞭策都属于外部驱动力，短期内孩子的行为可能会有改变（比如孩子可能会在父母的监督下学习），但是往往家长一放松管教，孩子就会懈怠或偷懒。

孩子如果具备自我管理的内驱力，整个人的表现会大有不同。内驱力是一种强大的内心力量，它是在孩子自己的内在需求基础上产生的动力。有了内驱力，无论有无外在的鞭策或奖励，孩子都能有热情投入到想做的事情中，并且不会轻言放弃。

为了帮助孩子培养自我管理的内驱力，家长可以采取正面管教里的一个方法——自然后果，就是让孩子自己承担相关行为带来的、自然而然的所有后果，大人不加以干预。比如：孩子选择站在雨中，就会淋湿；孩子不吃东西，就会饿；孩子不肯穿外套，就会感冒、难受。当然了，在这过程中，家长也不是完全什么都不

做。我们来看一个具体案例，就明白怎么
做才是自然后果了。

你家孩子是否有过上学忘记带书或者
作业本的情形？如果老师让孩子打电话
给你，你会怎么处理？通常家长会有三种
处理方式：第一种是赶紧送过去，认为孩
子的学习要紧；第二种是先批评一轮孩
子，威胁不会有下一次了，以后再也不送了，然后再送过去；第三种则是批评教育
孩子，坚决不送。你会选择哪一种呢？

其实，这几种方式都不利于孩子内驱力的培养。第三种处理方式虽然看似让孩
子承担自然后果，但其实并不是。我们提倡的自然后果不是对孩子放任不管，而是
要帮助孩子在错误中学习。家长要做到以下三个要点，才能帮助孩子承担自己行为
带来的自然后果，激发出孩子自我管理的内驱力。

第一要点：当孩子自己做出了一个不太恰当的行为，而这个行为可能带来一些
不太好的后果时，你首先需要做的是向孩子表达同情和理解。比方说，孩子今天打
电话给你，告诉你他忘记带书回学校了，你的第一反应能否先跟孩子共情呢？"忘
记带书了，那你是不是很着急？"接着不多做言论，尽量多听听孩子表达着急烦恼
的情绪。孩子说得越多，这种不好的感受与他的身体就越能连接起来，在他潜意识
里的记忆也就越深刻，下一次他自主收拾好书包、记住带书的可能性就会越高。

第二要点：家长不要施以援手，让孩子自己解决问题。孩子可能会跟你说："爸
爸／妈妈，你帮我送书过来。"你可以跟孩子说："很抱歉，宝贝，爸爸妈妈有重
要的工作要做，所以我们都没有办法给你送过来。你看看有没有别的什么办法能解
决问题？"要做到第二个要点，需要家长信任孩子解决问题的能力，这种信任本身

也会带动孩子内驱力的增长。

第三要点：家长要忍住，不说教，不指责，这也是作为家长最难做到的。当孩子意识到他犯错的时候，会本能地自责内疚，这是很自然的感受，他也会思考怎么解决这个问题。如果家长在这个时候进行责难和批评（比如跟孩子说："我早就说过了，叫你收拾好书包，你怎么总是这样不长记性。为什么每次你都这样？"），那么只会让孩子停止体验自然后果，把心思转移到如何承受和抵挡这些责难和羞辱上，从而进行语言和行为反驳。自然后果三个要点的简单句式表达：

第一要点：向孩子表达同情和理解——"忘记带书了，那你是不是很着急？"

第二要点：让孩子自己解决问题，尽量不要帮忙——"那怎么办呢？爸爸妈妈都真的没办法送过来……"

第三要点：忍住，不说教或斥责，进行积极倾听。

比如柱子踩到泥坑的例子，任何一个正常人踩到泥坑都是会不舒服的，也都会想着怎么处理掉脚上的泥巴痕迹。但柱子妈的说教和指责让柱子停止了自然后果的体验，把注意力转移到怎么反驳妈妈上面去了。柱子妈需要做的就是向柱子表达同情："踩到泥坑了？那你现在一定很不舒服，是不是？唉，怎么办呢？妈妈也没有办法帮你……"然后，停止说话就行了。

所以，想要培养孩子自我管理的内驱力，家长要做到的第一件事就是少管孩子，多让孩子体验自然后果。自然后果的方法非常简单，你只需要对困境中的孩子表达理解和同情，然后就忍着不再动口，也不动手搭救就行了。

如果你认为有些事的后果太严重，实在没办法不管（比如孩子住校了，忘带书会影响一个星期的学习），那还有一个方法可以解决，这个方法是逻辑后果。逻辑后果不同于自然后果，它需要家长的介入，由家长来决定使用什么后果。例如：如果孩子打破窗户，就得用自己的零花钱负担维修窗户的费用；如果孩子赶不上校车，孩子就得走路上学；如果孩子自己不把衣服放到洗衣机里，就没有干净的衣服穿。

逻辑后果要符合"3R1H"原则（如果任何一个因素缺失，就不是一个逻辑后果），它们分别是：相关（Related）、尊重（Respectful）、合理（Reasonable）和对孩子有所帮助（Helpful）。

比如，孩子忘带书了，你可以和孩子商量："妈妈送过来可以，但妈妈需要付出的交通费用，要从你的零花钱中扣除哦。"

从另一个角度看，如果在孩子的成长过程中，你不让他承担自然后果来获取自我管理的内驱力，总有一天，孩子可能会制造出连你都承受不了的大后果。

关于孩子成长的内驱力，还有一个颇有争议但又很有意思的讨论。对于这个讨论，人们普遍分成两派，看看你属于哪一派？这个讨论的主题先从孩子像什么开始。

以下有两个答案，请二选一。

答案一：孩子像一张白纸。

答案二：孩子像一颗种子。

不用多思考，你的第一直觉是孩子更像什么？"白纸派"认为，孩子什么都不懂，需要家长教导，家长给孩子画什么就是什么，孩子就是家长的复印件，所以，孩子更像白纸。"种子派"认为，每个孩子一出生就内设了很多的生命密码，与生俱来就有很多智慧及能量，不需要家长帮他描绘、安排人生，因此每个孩子就是一颗自我成长的种子。

美国知名的父母效能训练体系（P.E.T.）的创始人托马斯·戈登博士认为，每个孩子都具备一种神奇的力量，就是自己能找到生命效益最大化的方向（这里说的生命效益不是传统理解中的功成名就，而是一生幸福指数的总和），只要家长能给予孩子无条件的爱和接纳。这么说来，孩子不是白纸，而是种子，家长不需要刻意替孩子规划、安排他的人生，只需要让这颗种子朝着他本有的方向生根发芽。

记得以前的语文书上有一篇文章叫《种子的力量》，它告诉我们每颗种子萌发的力量都是巨大的、惊人的，甚至连坚硬的、严丝合缝的石头都能挤破。但是，我们也只能等待种子的萌发，不能着急地拔苗助长，因为靠内力挤破才是成长，用外力撬开就只会让它"营养不良"。

我们每个人的身体里都有两股力量，一股是我们表面上看得到的肢体力量，叫作生命外力；另一股是我们看不到的心理力量，叫作生命内力。人的肢体力量其实是相对弱小的，即使是最有劲的大力士，他所能举起的重量也是有限的。

但人的心理力量一旦被唤醒，其能量是巨大和无限的，它甚至能震天撼地、无坚不摧。与其说一切奇迹都是人创造的，不如说奇迹其实是由人的心理力量创造的。孩子未来强大与否、成功与否、幸福与否、快乐与否，不取决于他的肢体力量，也不取决于他的知识力量，而是取决于他的心理力量。

著名哲学家苏格拉底的父亲是一位优秀的雕刻家。小时候，苏格拉底看见父亲正在雕刻一只石狮子，于是他就询问父亲："怎样才能成为一个好的雕刻师？"父亲指着正在雕刻的石狮子说："就说这只石狮子吧，我并不是在雕刻这只石狮子，我只是在唤醒它！唤醒你要雕刻的物品，就是一个好的雕刻师了。"

教育孩子的精髓也正是如此——唤醒灵魂，激发孩子的内驱力。

实践案例精选
孩子遇到困难，不需要急着帮忙

对于幼小的孩子来说，他们在日常生活中常常会遇到力有不逮的时候，家长的第一反应通常是直接帮助孩子完成。但在一次活动中，我们收到了这样一个生动的案例，它说明了家长在孩子遭遇困难时，除了帮忙，还有更好的选择。

某天傍晚，姐妹俩做完作业后到楼下骑车，姐姐帮妹妹把小自行车从6楼搬到楼下。没想到回来后，姐姐一进门就冲进卫生间擦汗，妹妹则进门就哭。

不一会儿，我就听到姐姐说："下去的时候我帮你拿到楼下，上来时又帮你拿到5楼。等会儿你自己把车子搬到阁楼吧！"从姐姐的话里我也大概听出了前因后果。

过了一小会儿，哭声没了，只见妹妹满脸通红，用力地想把自行车往阁楼里搬。她尝试了几次都没成功。我看到后说："妈妈教你一个省力的搬车姿势。"但可能是因为妹妹之前用力太多，所以搬得还是很勉强。但我也不想代办，所以就继续鼓励她："放心，妈妈在看着，相信你能行的。"这时姐姐也在房间里说："你一定可以的，刚才你就已经搬上来了。"妹妹受到鼓舞，努力地一个台阶一个台阶往上搬。

放好自行车后，我跟妹妹说："妈妈注意到你今天只用了五六分钟的时间就调整好了自己的情绪，还凭自己的努力把车子搬上去了。"

妹妹说："因为哭解决不了问题啊！"

我说："哭也是一种选择，关键在于你自己去调整情绪了。我注意到这车子有点难搬，但你还是把它搬上去了。多练几次，你会越来越熟练的。"妹妹笑着点点头。

有时候孩子遭遇困难，家长不用急着出手相助，让孩子自己体会困难带来的挫折以后，再提供适当的建议和帮助可能会更好。

如何激发孩子的内驱力（下）

每个孩子天生就拥有自我管理、向好、向善的内驱力，它并不需要培养，只需要我们保护和激发就行。

关于激发孩子的内驱力，前面我们学习了两个方法：自然后果和逻辑后果。这一节，我们继续探讨如何激发孩子的内驱力，但理念需要再升级。

家长常常问如何培养孩子的内驱力，其实每个孩子天生就拥有自我管理、向好、向善的内驱力，它并不需要培养，只需要家长保护和激发。

我的两个双胞胎儿子现在上二年级了，过去的两三年里，在他们的学习和做作业方面，我像做科学实验一样对他们的内驱力进行保护和激发。很多家长一定以为孩子在学习和做作业方面很难有自我管理的内驱力，但事实证明，孩子在学习和做作业上也是天生具备自我管理的内驱力的，只要家长能给予孩子足够的空间，减少对他们的干扰和打断。

我的大儿子易知，有一次晚上没做完作业一直在玩，我问他计划什么时候完成作业，他说第二天早上早点起床完成。作为妈妈，对于这个答复有些焦虑，我希望他能先做完作业再玩。我尝试劝他、引导他不要等到明天，他听着听着就有些烦了，直截了当地回复我："妈妈，作业是我的事情，不是你的事情，你管我呢！"

一语惊醒梦中人，我立即意识到，我这是在干扰他的内驱力的形成。我立即改口说："好，对不起。听你的，妈妈相信你能为自己的作业负责。"

结果，他真的在第二天早上如约地提早起床，补完他的作业。如此两三次后，我对儿子的作业就基本不管了，并且常常把"作业是你们的事，不是妈妈的事"挂在嘴边。慢慢地，学习和作业是他们自己的责任就成了哥俩的基本认知。寒暑假时也不例外，基本上他们都能自己计划并按时完成学习和作业，不需要我的过问，甚至有时候我连他们有什么作业都不知道。因此，平时晚上我们在一起的时间都在进行各种游戏互动。随着他们年龄和能力的增长，我这个做妈的也越来越轻松。

正面管教把所有妨碍孩子内驱力培养的方式叫作驱使，把所有激发孩子内驱力的方式叫作授权，确切地说，叫赋能。我们以培养孩子做作业的内驱力为例，一起探讨一下，如果你家孩子做作业不够自觉，可以对号入座在其中找一个解决之道。

剥夺孩子内驱力最典型的驱使孩子的方式有以下四种。

第一种: 对孩子包办太多。

比如吃饭、穿衣、整理书包，家长都替孩子干了。在作业方面，则是家长经常给孩子灌输这样的观念："孩子，你现在赶紧写作业，其他的所有事情妈妈帮你搞定。妈妈帮你收拾好书包，准备好早饭，你把作业写好就行了。"

家长之所以喜欢从小到大都替孩子包办一切，是因为这样做远比孩子自己掌控自己的生活更有效率。一方面，家长们都忙，生活节奏越来越快；另一方面，在激烈的升学竞争中，孩子们从幼儿园就被外力驱赶着，学习、考试、兴趣班、努力进名校，如果一切都以效率为导向，就会培养出貌似听话却缺乏内驱力的孩子。

第二种：用惩罚的方式控制孩子。

比如关于孩子的作业管理，你是否对孩子说过"不完成作业，我就收回给你的所有权利。没收电脑、不准看电视、不准出去见朋友"类似这样的话？被惩罚和控制得多的孩子，内驱力是最差的。惩罚会造成两个结果：要么孩子极度顺从，却缺乏独立思想，形成依赖、依附权威的性格；要么变得叛逆，喜欢和大人对着干（例如你让他好好做作业，他偏不），而这类孩子往往又会促使家长升级惩罚和控制的手段，如此恶性循环下去。无论是哪个结果，孩子在学习和作业方面自我管理的内驱力都会越来越差。

第三种：过度奖励孩子。

我听过家长这样哄孩子做作业："宝贝，如果你能在下个月都按时完成作业，我就给你买个手机，再给你一大笔零花钱。你要保证按时完成，好不好？"

奖励只是短期有效，长期执行对孩子的负面影响很大。如果孩子学习、做作业的动力只是为了物质奖励而不是成就感，这只会让孩子学会讨价还价、讲条件，妨碍孩子创造力的发展。有些被奖励过度的孩子甚至还学会走捷径、撒谎和欺骗家长。

有的家长问我：积分榜、小红花算不算奖励？是的，这些都是奖励。之前我们说过要多鼓励、少表扬孩子，奖励也是表扬的手段之一，偶尔为之，无伤大雅，长期使用，负面影响却很大。

第四种：常常批评、否定孩子。

比如孩子没能按时完成作业，家长常常这样批评孩子："我说过多少次了，你必须按时完成作业！为什么你就不能像隔壁家东东一样自觉呢？为什么你这么不负责任？你怎么总是做这样的事呢？我简直难以理解，怎么你就这么懒！"

活在批评和否定中的孩子，除了内驱力尽失，还有更致命的影响，那就是孩子在自我认知方面容易形成"我不行，最好让别人来照顾我"的想法，或者"别人不能强迫我，我要对抗才能生存"等信念，令孩子的自主、自信、内驱力极度受损。

简单地说，驱使就是横亘在孩子和后果之间的手段。如上面提到的惩罚、控制、奖励、过度保护、包办、批评、否定孩子等，正是这些手段一点一点地扼杀了孩子自我管理的内驱力。家长很容易以爱的名义驱使孩子做事，这样的互动对孩子的自我判定、自我认知有着重要影响，最终会内化成孩子的性格。

激发孩子内驱力最典型的赋能方式也有四种。

第一种：让孩子直面结果。

比如某一天孩子没有按时完成作业，你可以试试这样跟孩子沟通："如果今天没能完成作业，明天老师可能会打电话来，我会让你来接电话，或者告诉老师，他可以直接和你谈一谈。作业是你自己的事情，由你来决定。"

有研究表明，在孩子的性格形成方面，自由与自律是一对孪生兄弟。有自由的孩子才能培养出自律的性格。换句话说，孩子的自主权和内驱力是一对孪生兄弟，孩子越有自主权，就越能掌控自己的生活，越容易滋长内驱力。那些缺乏内驱力的孩子们，大多数对自己的生活也缺乏掌控权，因此难以培养出主动性。所以，培养孩子的内驱力，要从给他们一定的自由、让他们掌控自己的生活开始。

想让孩子掌控自己的生活，父母要减少对孩子生活方式的干预，让孩子直面行为带来的结果，比如让孩子按自己的穿衣风格、饮食喜好和作息习惯生活，哪怕这种生活方式可能要付一些代价，甚至与我们要求的方式很不一致，家长也必须学会接受。只有把生活的自主权逐步交给孩子，孩子管理好自己的内驱力才会越强大。

第二种：表达你的界限。

比如告诉孩子："如果你在做功课的时候需要我的帮助，请提前告诉我一声，好吗？我不希望你在我们约定时间的最后一分钟才提出要我帮忙。"

或者这样说："每天晚上八点到九点半之间，如果你在做功课的时候需要我的辅导，都可以随时找我，过了九点半我就无能为力了。"

然后，家长就只做不说，孩子就会知道你是认真的，界限反而更容易建立起来。

第三种：告知孩子你的感受和期待。

比如："孩子，每当你不做作业的时候，我都会很难过。因为我很重视你的教育问题，所以我真的很希望你能做好功课。"

类似这样的语句，说出去的时候家长会觉得似乎没那么有力量，因为对大多数家长来说，驱使比授权更容易。但是，我们也要知道，在家长与孩子的沟通过程中，当家长感觉很有力量的时候，多数也是剥夺孩子力量的时刻。

第四种：允许孩子犯错。

比如这样说："你知道吗？无论如何我都爱你。对我而言，你比你的成绩重要多了。"

允许孩子犯错，才能让孩子感觉到自由。就像前面我们说的，在孩子的性格形成方面，自由与自律是孪生兄弟。

总结一下，授权（赋能）就是尽量把控制权及后果承担还给孩子，如表达你的界限、约定而不是规定、表达信任、共同解决问题、关爱与鼓励、纠错前先共情／连接等方式更能让孩子独立、自律、对自己负责。

实践案例精选

从保姆变女王，妈妈是怎么做到的？

平时的日子里，我就是两个"孩子"——我的老公和上小学的女儿的保姆。我时常在想，我什么时候才能当上"女王"，只要我吩咐了事情，老公和女儿就能自觉去做，而不需要我总在后面唠叨。

某个周末，我又要上课了，上午我照例给老公发信息问他和女儿的午饭怎么解决，可我却没有得到回复。我有点担心，但是忍住了，没有像以前那样打电话追问，而是发送了一条"我句式"信息："我发了一条信息，看到你是在线的，却没有见到你的回应，我有点着急。"之后，中午去吃饭的时候，我和女儿通电话，女儿简单快速地对我说："我去餐厅吃饭，我能照顾好自己，照顾好爸爸，我们自己搞定，不打搅你。"我发现这和从前不同了，他们俩可以自己解决问题，我真正高枕无忧当上"女王"的日子指日可待了，真好！

晚上，我们和朋友一家一起出去吃晚饭。我发现女儿把 iPad 带上了。席间她一直在看卡通视频，边吃边看，虽说这可能对眼睛不好，但她没有打扰我们。此时此刻在我眼里，女儿是一个能够照顾好自己的孩子。

如果时间倒退，那会是什么画面？那个时候，出门前我就开始要求她不要带 iPad，因为对眼睛不好；到了餐厅女儿用各种拖拉、捣乱来对抗，我们开始权力之争，朋友、老公帮忙调解，一顿好好的朋友聚餐谁也不开心。这样的场面不是我想要的。

因为是大人的活动，所以她参与度不高，带上 iPad 给自己找娱乐解闷，这是可以理解的。看电子产品对眼睛有害的这个问题可以以后再探讨，所以我选择接纳而不是指责，这样我们所有人都能享受这个相聚的夜晚。

晚饭后回到家，我发现女儿还在 iPad 上看卡通视频。我知道那一集她还没看完，想继续看下去，但是我也需要坚定地让她知道现在已经是睡觉的时间，所以我对女儿说："妈妈发现今晚吃饭的时候你一直在看 iPad，妈妈有点担心你的眼睛，现在已经很晚了，妈妈还要写作业，我希望你能早点洗澡睡觉。"女儿迅速地暂停了视频去房间拿衣服洗澡。

洗完澡出来，女儿表示还想再看一会 iPad，我没同意。女儿有些不满，也不肯睡，要在床上玩。想起老师说过要"和善与坚定"并行，我调整好情绪后走进女儿的房间，对女儿说："宝贝，妈妈今天很累，可以抱抱妈妈吗？"女儿笑着爽快地答应了，并抱着我亲亲，问我："妈妈今天上课怎么样？辛苦吗？烧脑吗？"

我简单地描述了上课的情况后对女儿说："妈妈发现你今天看了很久的视频都没有休息过，有点担心你的眼睛，妈妈希望你能早点睡觉，让眼睛得到休息。妈妈今天上完课还有些作业要做，宝贝早点休息了，妈妈做作业就可以快些完成。妈妈相信宝贝自己可以照顾好自己，自己也可以很快睡着的。"

女儿爽快地嗯了一声，躺下并闭上眼睛。十分钟后我再次走进她房间，她已经睡着了。

第二天早上醒来，我发现自己不能翻身，腰椎刺痛。向老师请假后，我躺在床上继续睡觉。一直睡到十一点后，发现女儿睡到我的旁边来了，我的一个念头闪过："让孩子睡到这么晚好吗？嗯，没关系，既然目前自己的状态无力照顾，那就接纳，让女儿和自己一起睡吧。"

中午，我和父女俩在餐厅吃完饭后前往超市采购食材，其间女儿积极帮忙推车。买单后，女儿自觉地把冰冻的食材放进冰袋里自己背上，老公则主动提起沉重的清洁液。我鼓励他们说："妈妈发现宝贝很细心，把冰冻的食材都放进冰袋里了，你和爸爸都主动多拿东西让我减轻了负担，有你们真好，我的腰也感觉到很轻松了。"

看着女儿和老公满满的笑意，我深深意识到：带着爱放手，我才能成为真正的"女王"。

孩子总是不遵守约定怎么办

如果孩子不遵守约定，就让他承担不守约定的后果，并强调他的行为与后果之间的关系，以此强化他的责任意识。

很多家长都想知道，为什么之前与孩子的约定和计划执行起来总是要大打折扣，或者孩子干脆违反约定不执行。我们需要怎么做，才能避免这些情况的发生呢？

正面管教体系大力倡导的方法"约定与跟进执行"，就能有效地帮助家长避免这种情况的发生，也能有效地提出约定与跟进执行，可以称得上是家长陪同孩子成长不可或缺的工具。

首先，怎么约定是一个技术活。我常常听到家长是这样跟孩子做约定的："儿子／女儿，妈妈今天开始跟你定个规矩，iPad 以后每天最多只能玩三十分钟，必须要做到哦！做不到的话，每超时十分钟就停玩一次，同不同意？不同意的话，iPad 以后都别玩了。妈妈这都是为你好，近视了怎么办？你之前就是太不自律了。"

孩子刚开始可能还想和家长争辩几句，可当孩子提出了几个想法之后，家长的回应都是"这个不可以""那个也不行"……久而久之，孩子也就不再说话了。看似孩子是答应了家长的约定，其实他们心里是不服的。

如果家长跟孩子做约定的时候不是发自内心地尊重孩子，而是以各种理由和诱惑条件，"强迫"孩子答应其要求，这实质是规定，而不是约定。孩子对这种规定并非真心认同，多半是家长的一厢情愿，所以一旦执行起来，孩子出尔反尔也就不足为奇了。

只有孩子真心认同的约定才有被主动执行的可能。如果某个约定让孩子感受到的只有束缚而没有尊重和信任，那孩子也会丧失对家长的信任和对制定计划的热情，以后家长再想调动孩子的积极性就会更难了。

一个有效的约定，需要完成以下三个步骤：

1. 家长与孩子分别说说对问题事件的感受和想法。

进行这一步时，家长可以参考这样的句式："儿子，以前你玩 iPad、看电视时，爸爸/妈妈总是监督你、催促你关掉，你是不是觉得挺烦的？今天，爸爸/妈妈就听你说说你的烦恼。说说看，爸爸/妈妈哪些做法让你觉得烦了？……你的想法和希望是什么？（此处家长开始安静倾听，不评判、指责孩子，孩子说得越多，约定成功的可能性就越高）……你愿不愿意听听爸爸/妈妈的感受和想法，爸爸/妈妈一方面希望你玩得开心，另一方面也担心电子屏幕伤害你的眼睛……（这里家长要重点说出自己的感受，先不提建议）"

这个步骤是约定的关键一步，按"二八原则"，这一步值得花上80%的时间去做，但是家长往往最不愿意在这一点上花时间。有些时候，光是倾听孩子的感受和想法就能解决孩子的很多问题。而且这样的沟通与倾听方式特别能让孩子感觉到你的尊重。我们知道，再小的孩子也是希望得到尊重的。遵守约定意味着对孩子承诺的尊重，而不是半哄半骗的敷衍。孩子得到了尊重，才会以同样的方式尊重别人、尊重承诺。

2. 和孩子一起进行头脑风暴提出解决方法，并让孩子选择其中的一种。

进行头脑风暴时，家长和孩子双方只提建议，不解释、不评价、不指责，最后让孩子选择其中的一种。家长可以这样说："儿子／女儿，你的脑子比爸爸／妈妈的好使，爸爸／妈妈需要你的帮助。来，帮个忙，想三个方法，既能保障你畅快地玩，爸爸／妈妈不再打扰你，同时爸爸／妈妈也不用担心。你有什么主意？"

尽量让孩子提出解决问题的方法，只要是孩子自己说的，被执行的可能性就非常大，因为孩子最听他自己的话。如果家长对孩子选择的方法有顾虑，可以用"我句式"来表达，确保最后选择的方法是孩子愿意执行的，也是家长能够接受的。比如可以这样说："我担心看两集动画片的时间太长，万一作业多，你写不完，会影响睡眠。是否可以先看一集，如果作业写完还有时间，就再看一集，你觉得呢？你还有什么办法？"

为了让约定更容易被执行，家长还可以再跟孩子讨论一下具体的实施细节，比如说，看电视的时间段在几点到几点之间、每天看电视的总时长不能超过多少分钟、哪些动画片是可以看的。

3. 和孩子设置一个试行的期限。

和孩子设置试行的期限时，家长可以这样说："儿子／女儿，你觉得我们这个约定／计划先试行多久合适？有用而且大家感觉好就继续；没用又感觉不够好，我们就重新调整……"

约定试行期限的好处有两个：一是可以及时鼓励孩子、和孩子庆祝阶段性达成了约定；二是在执行的过程中可能会遇到一些困难和意外情况，可以给机会孩子对不太适应的地方进行调整。通常第一次约定的试行期限可以是三天或一周。

家长和孩子约定后，可以利用仪式来配合和强化约定，比如用"拉钩"作为承诺。另外，口头约定往往模糊不清，而且孩子年龄小忘事快，因此重要的约定最好是形成文字或者请孩子画下来，尽量用具体、直观的方式表示约定的内容，让孩子更容易感知，同时把约定张贴在醒目的地方，起到提示的作用。

有小伙伴来家里玩时，家长也可以让孩子介绍一下这些约定，顺便鼓励孩子，让孩子更有价值感。

陪同孩子学习遵守承诺需要一个过程，其间家长需要以身作则。

遵守约定是信任感的建立过程。如果像"孩子，爸爸妈妈明天陪你去公园玩"这种承诺常常成为一句空话，虽说孩子可能还不能理解"临时变化""爸爸要加班"，但如此"变化"所带来的是孩子期待落空、伤心、失望，孩子对家长的信任就会大打折扣。而他遵守约定的意识也会大打折扣。

想必有些家长听说过曾子杀猪的故事。曾子的夫人到集市去，她的儿子哭闹着也要跟去。她说："你先回去，等我回来杀猪给你吃。"等到曾子夫人从集市上回来，曾子就马上要去杀猪。夫人说："我不过是开玩笑罢了，你居然信以为真。"曾子则认为父母不能欺骗孩子，要对自己的承诺负责任，于是杀猪烹肉，成就了一段父母以身作则、遵守承诺的佳话。

父母对孩子的承诺不要轻易失信，因为孩子的世界很简单，家长说的他都信。如果家长反复失信，孩子也会效仿。榜样的力量是巨大的，其实很多孩子能遵守约定，是在学习大人的做法。在约定这件事情上，父母以身作则的重要性不言而喻。

即使和孩子愉快地达成了约定，家长也别指望孩子一定会自觉遵守、一蹴而就。和孩子约定之后，家长需要带着理解、体谅、信任的态度，跟进孩子对约定的执行。如果孩子没有遵守约定，家长也要尊重孩子，采取以下三个步骤跟进：

步骤一，简单明了地告知孩子"孩子，我看到你还没做……"。这里要注意的是，家长只需简单描述事实，不加评判，避免说"你为何总是做不到""你怎么又做不到""你从来都做不到"等类似的话。

步骤二，提醒你们之间的约定是什么。尤其是在约定初期，孩子还没有形成习惯的时候，家长就要落实这一步骤，提醒孩子。

步骤三，若孩子依然无动于衷，请尽量不再说话，使用唠叨替代法（指指手表、沉默地注视着孩子、会意的微笑、手指着需要被捡起来的鞋子、对应该有的行为提醒暗号、写字条……），这种无声的沟通可能比语言更有成效。

当看到孩子没有遵守约定的时候，一些家长通常喜欢唠叨、督促或者用后果去控制和惩罚孩子，这恰恰是孩子从此抗拒、违反约定的一个重要原因。当孩子不断被指出做错的时候，往往他就会产生抵触情绪，更不愿意去做家长规定的事情。相反，如果家长学会唠叨替代法，只用简单的词描述问题，孩子就会更愿意去关注如何解决问题。

这一点，对青春期的孩子尤为重要。青春期的孩子本来就有要脱离父母、独立自主的强烈心理需求。父母在言语上稍有催促、唠叨、抱怨，就会引起孩子强烈的反感。而父母对青春期孩子的学业也更为紧张，如果看到孩子比约定的时间晚了十几分钟才开始写作业，就会忍不住变得急躁。当这种情况发生的次数多了，孩子本愿意执行的约定也就变得形同虚设，而对于亲子关系特别紧张的父母来说，想再跟孩子制定计划和约定也是难上加难。

在执行约定的过程当中，一旦孩子遵守了，家长也要及时用以下类似句式来鼓励孩子："谢谢你遵守我们的约定。"

"今天妈妈刚一叫你，你就一骨碌爬起来了。明天妈妈不出声，看看你能否听到闹钟就起床。"

"昨天，你好像有点不太情愿，妈妈没忍住，开始着急了，对不起。但是，最后你还是做到了，你是用了什么方法让自己继续遵守约定的呢？"

如果上述方法家长都试了，孩子还是没有遵守约定，那就让孩子承担不守约定的后果。只有这样，才能强化孩子的责任意识。在让孩子承担后果的时候，要强调孩子的行为和结果之间的关系。

有一次，著名作家刘墉和他的儿子一起去某企业做演讲。他跟儿子约好上午十一点一起出发去机场，结果到了十一点，儿子还没出现。五分钟后，他果断拦下一部出租车自己走了。从此，他儿子再也不敢拖延时间了。

实践案例精选

如何用约定解决孩子与爸爸的电视之争？

某天晚上，爸爸正在看球赛，这时宝贝跟我说："妈妈，我想看小猪佩奇，可是爸爸在看球赛，我想看嘛。"这种权力之争，以前一般都是宝贝赢。

我回答道："哦，宝贝想看佩奇，那爸爸在看球赛，我们可以怎么做？"

这时爸爸已经要退出比赛给宝贝看佩奇了，我给了他一个暗示。

我走过去问爸爸："爸爸，我看到你在看球赛，而且是你先看的，可是宝贝说她想看小猪佩奇。"

爸爸说："宝贝想看佩奇啊，可是爸爸这个比赛是现场直播的，必须在这个时间才能看。"

这时我对着爸爸和宝宝说："哦，这样啊，那你们两个商量一下，可以怎么解决这个问题呢？"

还没等我说完，宝贝就发话了："我有个办法，就是爸爸看完我再看。"（宝贝此时并不知道等爸爸看完是一个什么概念）

我笑着对宝贝说："好的，宝贝。那我们可以先玩点什么呢？"

宝贝答道："我去我的帐篷里玩会儿吧。"

过了五分钟左右，宝贝有点不耐烦了，对着我说："妈妈，爸爸已经看了好久了！"

我问她："哦，宝贝等得有点着急了，是吗？"

宝贝回答："嗯，我都等不及要看佩奇了。"

我接着问她："那我们问下爸爸的球赛还有多久才看完，好吗？"

爸爸说："还有三十分钟。"

宝贝有点着急了，说："三十分钟太久了。"

听到这里，我又问宝贝："那怎么办？我们刚才本来跟爸爸约定的是等爸爸看完。我们再跟爸爸商量一下，好吗？"

最终他们商量轮流看，爸爸再看十分钟后，就轮到宝贝看，还拿了计时器，定时十分钟，宝贝开心极了。

在这段时间里，我陪着宝贝看绘本，等着计时器一响。十分钟后，爸爸遵守约定给宝贝看佩奇，此时宝贝才看完那本绘本的一半。

于是我对宝贝说："宝贝，你现在是继续看绘本，还是看佩奇？你来决定。"

宝贝转头对着爸爸说："爸爸，我等看完绘本再看佩奇，你继续看球赛吧。"

关于约定，孩子需要用很长时间去不断地体验，才能感受到约定是什么。如何去约定、守约定会带来什么、如果有分歧应该如何去沟通商量并重新约定，这些条件都要在既尊重孩子也尊重大人的前提下完成。开始时最重要的是大人的示范和引导，这是一个行大于言的过程，我们自己先要示范约定、沟通和解决问题的方法，孩子才可以慢慢学会如何去做。

一招轻松培养孩子良好的习惯

教育就是培养习惯。一旦孩子在生活的方方面面养成了良好的习惯，他们必将受益终生。

提到 Facebook，大家自然而然地会想到这家公司的 CEO 扎克伯格，才三十多岁的他就已经成为了世界上最大的社交网络公司的 CEO。作为 CEO，他每天都有非常多的事情需要处理，不过，我们看到他依然有时间去锻炼身体、到处旅游以及陪伴家人。

从 2009 年开始，每年的第一天，扎克伯格都会在他的个人网页上公布一件事，这就是他自己该年的工作和生活年度目标和计划。他通过这样的方式告诉大家，他自己的人生规划是何等自律，同时也让我们看到，在成功的背后，良好的时间规划和管理能力对他帮助很大。

事实上，那是别人家的孩子！生活中，我们自己的孩子常常是下面这样的模样。

"乐乐，乐乐，快起床了。"（没有动静）

"乐乐，乐乐，快起来了，再不起来就迟到了！"（声音提高了50分贝）

"我好困……"

"好困也要起来啊，快点起来！不然真的迟到了。"（声音里开始带点急躁了）

"我真的好困啊，我不想上学！"

"困、困、困，晚上又不肯睡，早上又不想起床。"（声音里有了指责的腔调）

见孩子还赖在床上，家长直接走过去拉孩子起来。

"我不想起床！我不想上学……"（孩子开始哭闹）

"不想起也得起，快点给我把衣服穿上，然后上学去！"（河东狮吼开始）

孩子无法养成良好的作息习惯会造成很多问题，在新闻中我们也会经常听到一些极端的案例。比如，某学生因为不自律，每天晚上熬夜打游戏，导致身体出现各种状况，过早地躺在了病床上，失去了和同学一起学习玩耍的自由。这类过度沉迷电玩的孩子，他们的经历可能各有不同，但相似的地方是，他们一直都无法做到合理安排自己的时间。

我也曾听到过很多老师的反馈，那些学习成绩落后的孩子，与其他人拉开差距的一个重要原因就是对时间的自我管理能力比较弱。

为了避免家长和孩子走入这样的困境和死循环，努力向"别人家的孩子"看齐一点，我们可以怎么做呢？正面管教课堂的爸爸妈妈们都很认可一个工具——日常惯例表，这是正面管教为家长专设的、用于帮助孩子培养良好的生活习惯、学会时间管理的有效工具。它让孩子参与自己的学习和人生规划，还能学会有建设性地使用自己的权利。

这个被家长高度认可的方法具体怎么实施呢？我们来看看经过家长课堂学习后的毛毛妈是怎么做的。

毛毛妈说，毛毛刚上一年级时，她就和他一起制定了一份放学后的日常惯例表。毛毛妈选了一个毛毛心情很不错的时候开始，她问毛毛："想不想从今天开始，有更多的时间下楼和小伙伴一起玩？"毛毛回答说："当然想啊。"（和孩子制定计划时，建议从孩子的需求出发，这一点很重要，这样孩子才会有兴趣认真去做）

一个五岁小女孩的睡前惯例表

然后，毛毛妈让毛毛把放学后想做和要做的事情全部列出来。一年级的毛毛还有很多字不会写，毛毛妈就让毛毛用画画或创造符号来代替文字并填上色彩。毛毛喜欢画画和创造符号，所以他兴致勃勃地参与了这个"游戏"。在孩子制作日常惯例表时，采取这种方式不仅增加了趣味性，还对孩子的思维锻炼很有帮助。

毛毛列出的事情有：吃水果、看书、在楼下和小朋友一起玩、写作业、看电视、玩玩具、收拾书包、洗澡。

毛毛列出来后，毛毛妈让毛毛为每个事项分配时间（孩子的时间概念需要从小引导和训练）。之后，毛毛妈请求毛毛做一件重要的事，就是按照他希望完成的顺序给那些事情排个队。在这件事上，毛毛妈和毛毛有了分歧。毛毛妈很希望他能够写完作业或吃完晚饭后再下楼和小朋友玩,毛毛却想一放学就和小朋友玩一个小时,然后再回家吃水果,晚饭后再写作业。毛毛妈请毛毛说说理由。毛毛说他放学后想先放松一下,而且放学后吃饭前楼下的小朋友比较多。听了毛毛的理由,毛毛妈认为很合理,就鼓励毛毛:"你想得很周到,就按你说的做吧。"

最后,毛毛妈请求毛毛帮忙美化这个日常惯例表,并给爸爸和弟弟讲解一下。毛毛爸看了后,肯定了毛毛的画和详尽安排的能力。毛毛非常开心,充满成就感地把它贴在了书桌旁的墙上。

毛毛妈说,刚开始执行日常惯例表时,毛毛很有新鲜感,执行得不错,虽然偶尔也有没做到的情况,但只要她稍作提醒,他都会马上修正过来。

但过了一个星期,情况就开始有点走形了。有一天,老师布置的作业有点多,而晚饭后毛毛又拉着爸爸玩起了游戏,以至于很晚都没做完作业,更没有时间做别的事和收拾书包。其间毛毛妈提醒了一次,毛毛说第二天早点起床补完作业和收拾书包,结果第二天早晨特别忙乱,毛毛早餐也来不及吃,甚至还遗漏了语文书。放学后,毛毛妈问他上课怎么办,他说和同桌一起看的。在此情况下,毛毛妈没有批评毛毛,而是肯定了他会想办法解决问题,并鼓励他以后要做得更好。

执行日常惯例表的过程中,家长要允许孩子犯错;孩子做得不好的时候,家长也要鼓励孩子,这样孩子才能坚持。毛毛妈说,从那次后,毛毛的日常惯例表修订了几个版本,现在毛毛上三年级了,基本已经养成了制定计划、规律作息的习惯。

和孩子一起制定日常惯例表,既是训练孩子制定计划、学习时间管理的好方法,也可以避免和孩子陷入权力斗争的死循环。同时,家长还要帮助孩子明白,如果他们能够有建设性地使用权力,将越会感觉到自己的能力更强。

那和孩子制定日常惯例表有什么需要注意的事项?

事项一:邀请孩子参与制作惯例表时,尽可能地尊重孩子的想法,由孩子提出大部分内容并最终做出决定。孩子参与得越多，他们也就会越积极主动地合作。

事项二：让孩子将惯例表贴在他认为合适的地方，并创造仪式感，请孩子介绍给其他家人。

事项三：允许孩子小步前进，从简单逐步过渡到更难。比如我们如果想通过日常惯例表帮助孩子养成每天晚上阅读三十分钟的好习惯，在孩子刚开始只能坚持十五分钟的时候，就鼓励孩子在达成十五分钟后适当再增加两到三分钟。坚持一段时间，再巩固一段时间，在孩子稳定后继续鼓励孩子挑战更高的难度。

事项四：帮助孩子自我评估。自我评估是培养习惯的一个必不可少的环节，家长可以用"孩子，说说看，在良好习惯方面，过去的一周你感觉自己做得怎么样？你对自己的表现满意吗？最满意哪个方面？"之类的话语来引导孩子进行自我评估。

通过三四周的坚持、自我评估、鼓励与调整，孩子会对日常惯例表日渐熟悉，而需要父母指导和提醒的时间也会越来越少。用不了多久，父母就可以放手让孩子自己管理自己。这时你会发现，花费在这件事上的时间是多么的有价值。

另外还有一个提示，家长要尽量帮助孩子把生活安排得轻松、有趣一些，不要太紧张，这样孩子才能逐渐感受到计划日程表的好处和时间管理的乐趣。

我国著名教育家叶圣陶老先生曾说："教育就是培养习惯。"的确，一旦孩子在生活的方方面面养成了良好的习惯，他们必将受益终生。

培养孩子养成良好习惯，最重要的目的是让孩子参与自己的学习和人生规划，知道自己想做什么、要怎么做。父母可以经常与孩子一起探讨学习、学校、学科专业、未来工作等话题，辅助孩子明确自己的兴趣和方向，帮助孩子逐渐为自己制定一些中期或长期的目标。大到将来的理想蓝图，小到暑假或寒假计划，只要孩子有了自己的目标，便有了憧憬和自我激励的能力。孩子达成目标的愿望有多强烈，自律自觉的可能性就有多高。

实践案例精选

惯例表：从此我们再也没有过鸡飞狗跳的早晨

在孩子三岁那年，由于工作变动，我上班的时间由早上 8:30 提前到了 8:00。这半小时意味着，我早上送孩子去儿童之家的时间要提早半个小时，而孩子已经习惯的生物钟也需要进行调整。

那时的他不会画画更不会写字，但我觉得他已经有足够的能力了解我要跟他沟通惯例表的事情了。于是在经历了一个差一点迟到的早上之后，我跟他一起讨论了惯例表的事情。

我准备好了笔和纸，并跟他说妈妈的工作有了变动，上班时间也有了变动，早上需要早起半小时，这样妈妈才不会迟到，所以我们需要重新安排一下我们的作息时间。我问他要不要用一种新的办法来安排一下我们的新时间，他表示非常愿意。

我跟他约定，每人一张大白纸，把自己想到的方法画到上面就行了。

在我画的时候我问他："在起床时间 6:40 的后面画上调了闹钟的手机好不好？"

"画一个宝宝自己穿的衣服和裤子好不好？"

他表示同意，并且在他自己的纸上画了一条长长的线。

"6:50 是扔尿不湿，画一个尿不湿好不好？"

他同意了，画了一条长长的线。

"6:51 画两排牙齿和宝宝的脸好不好？"

他也同意，画了一条长长的线。

"晚上 9:00—9:30 画故事书和宝宝在床上睡觉好不好？"

他同意，又画了一条长长的线。

当我们都解决完之后，我看着我完成的作品，一目了然的时间安排真是让人非常满意啊。

我指着我画的每一项问他："能不能看懂？"当他说能看懂的时候，我就说："那我们就执行妈妈画的这张吧，应该把这张惯例表贴在哪里呢？"孩子随手把他画的图折起来放到了茶几下面。

第二天早上等着奇迹出现的我却失望极了，他不但没有按照我们约定的时间去做，甚至连惯例表都不看一眼。在经历了一个糟糕透顶的早上之后，我反复地琢磨究竟是哪里出了问题。

后来我终于想明白了。我和他并不是在进行画画比赛，说好的一起做，最后却变成了我一个人的作品展示，更何况我们是一起制作我们的惯例表。无论他画的是什么，我都应该给予尊重。

晚上回到家里，我拿出了他画的那张被折叠起来的作息表，问他："今天早上宝宝没有按照惯例表来做，是不是因为觉得那张惯例表是妈妈的惯例表，不是你自己的？"他点点头说："是。"

我接着问："那我们可以把你画的这张惯例表放在哪呢？"

他说："挂在妈妈的惯例表旁边吧。"

于是我们一起把"他的惯例表"挂到了"我的惯例表"的旁边。第二天早上，他起来后跑过去看"他的惯例表"，又看看"我的惯例表"，然后高兴地做起了上面对应的事情。

从此以后我们再也没有过糟糕的鸡飞狗跳的早晨，而我也更加明白了要跟孩子建立起真正的连接，需要的是发自内心的信任、尊重和认可。

（本例由佟彬彬提供）

第四章

做个好爸妈，真的不难

请你拿出一张纸，写下孩子的 10 个特点。接着，思考一下，当你看到"特点"时，你脑海里首先浮现出的是优点，还是缺点？然后再看看其中是优点多还是缺点多？当你和孩子在一起时，是鼓励表扬的时候多，还是批评纠正的时候多？

简·尼尔森在《正面管教》一书中说："当你把85% 的精力和时间都用来关注 15% 的消极方面时，消极方面就会膨胀，而积极方面不久就会消失。你看到什么就得到什么。另一方面，如果你把 85% 的时间和精力用来认可并鼓励积极的方面，消极方面很快就会消失，而积极方面就会增长到 100%，因为这是你所看到的全部。当你关注积极方面时，对你自己和别人都是令人鼓舞的。"

做到和善与坚定并行的前提是理解并尊重孩子，尊重带来信任，而表达信任最基本的方式是认可孩子作为一个人的价值和重要性。这样的尊重与信任，源于我们与孩子的血肉相连，对孩子天然的爱与接纳。

有时候一双能发现并关注正面的眼睛，就会给孩子带来力量。一个家庭里，成员之间能看到彼此的优势和值得鼓励的地方，并及时表达，整个家庭氛围就会和谐温暖，充满爱与力量；一个班级里，如果老师依然能从最具挑战性的学生身上看到闪光点，那么学生的改变指日可待。同时，这样的看见对发现者自己而言，也是一种鼓舞。

在这一章，我们会探讨发现优势、认可每个人的独特性对培养孩子、提升家庭氛围以及促进家长与学校沟通的重要性。

如何轻松培养一个优秀的孩子

如果家长对孩子抱有积极的期望，这些孩子就能感受到鼓励、关怀和爱护，会常常以积极的态度对待自己的行为，变得更加自尊、自信、自爱，最终取得家长所期望的进步。

有妈妈问我，做一个好妈妈要学的东西真多，有没有速成的捷径啊，只用一个方法就可以培养出优秀的孩子？还真有！不管你学历高低，只要你能坚持，这个方法真的能改变一个孩子，甚至一群孩子。

网络上有一个令人非常感动的故事，是关于如何帮助一个学习困难的孩子不断取得进步的故事。而这个故事当中就隐藏了我要介绍的方法。

故事是这样的。

小龙妈妈第一次参加家长会时，幼儿园老师对她说："你儿子很可能是多动症，他在板凳上连三分钟都坐不了。你最好带他去医院看一看，早点治疗。"回家的路上，小龙问妈妈老师说了什么。妈妈鼻子一酸，差点流下眼泪来，因为全班 25 位小朋友里只有小龙表现最差。然而，她还是告诉儿子："老师表扬你了，说宝宝原来在板凳上坐不了一分钟，现在都能坐三分钟了。其他的妈妈都非常羡慕妈妈，因为全班只有你进步了。"那天晚上，小龙破天荒地吃饭不用喂，自己吃得好好的。

小龙上小学了，家长会上，老师告诉小龙妈妈："全班 45 名同学，这次语文考试小龙排在倒数几名。小龙有可能在听读上有些障碍，你最好带他去专业机构学习一下。"走出教室时，小龙妈妈流下了泪。当她回到家，她却对坐在桌前的儿子说："老师对你充满了信心，他说了，你其实很有自己的学习方法，只要再努力些，你一定会超过同桌的。这次你的同桌排在第 21 名。"小龙妈妈说这话的时候，她发现小龙黯淡的眼神一下子充满了光亮，沮丧的脸也一下子舒展开来。第二天上学，小龙去得比平时都要早。

小龙上了初中，又一次家长会。小龙妈妈坐在儿子的座位上，等着老师点她儿子的名字。小龙的成绩以前总是徘徊在差生的行列。然而这次出乎她的预料，直到家长会结束，差生名单里也没有听到小龙的名字。小龙妈妈有些不习惯了，临别时去问老师，老师告诉她："你儿子的成绩有很大进步，但是想要考上重点高中还是有点危险的。"听了这句话，小龙妈妈惊喜地走出校门，发现小龙在等她。小龙妈妈扶着小龙的肩膀，心里有一种说不出的甜蜜，她告诉儿子："班主任对你学习上的进步非常满意，他说，只要你努力，很有希望考上重点高中。"

小龙高中毕业了，等到第一批大学录取通知书下达的时候，小龙妈妈有种预感，小龙被第一批重点大学录取了。因为报考的时候，她对儿子说过，相信他一定能考取一所好大学。小龙从学校回来后，把一封重点大学的录取通知书交到妈妈手里，妈妈抱着小龙激动地哭了。

上面的故事如果你觉得真假难辨，那罗森塔尔的故事就百分之百真实了。罗森塔尔是美国的一位心理学家，1968 年他带领团队做了一个非常有意思的心理实验。

他们去到了一所小学，在一至六年级各选三个班的孩子，煞有介事地进行"预测未来发展的测评"，然后他们根据测评，挑出了有"优秀发展潜能"的学生名单，并通知校长和老师，也告知他们不需要对孩子有任何特殊对待。其实，这个名单并不是根据什么心理测试确定的，而是随机抽取的。但因为罗森塔尔的团队非常权威，所以"权威性的谎言"对老师有强烈的暗示作用，从而调动了老师对名单上的学生的某种心理期待。

八个月后，罗森塔尔的团队再次进入学校，对名单上的学生进行智能测验。结果发现，名单上的学生的成绩普遍提高，老师也给了他们品行进步的评语。人们把这种通过对孩子的正向、积极的心理期待，从而产生潜移默化的影响，使得孩子就能取得进步的现象，称为"罗森塔尔效应"。

后来的很多教育和心理实践也表明：如果家长或老师喜爱某些孩子，对他们抱有积极的期望，经过一段时间后，这些孩子就能感受到大人的鼓励、关怀和爱护，会常常以积极的态度对待自己的行为，变得更加自尊、自信、自爱，激发出一种积极向上的热情，最终取得大人所期望的进步。真没有想到，积极的期待是那么的有力量！如果我们能应用好期待，就真的能改变一个孩子，甚至是一群孩子。

正面管教有一个工具叫优点列表。它不是让你过度表扬孩子，也不是给孩子贴标签，而是建议你只关注孩子的优点，优点是指孩子能做好或者乐意做的事。这个工具的具体使用方法就是定期（最好每周一次）与孩子聊一聊，了解孩子都有哪些优点或进步，引导孩子自己说出来、写下来，列一个清单，并定期在清单里补充新的优点。这样做的目的是帮助孩子积极地、正向地认识和看待自己，让他感觉到自己是被爱的、有价值的，并且把这样的自我认知根植于脑海。

之前，我们组织了一场亲子活动，带领着一些家长和孩子去农村探访孤贫儿童。

其中有一个叫浩浩的八岁小男孩给我的印象非常深刻。出发前他在来培训课堂的路上就把爷爷的假牙打掉了；培训过程中，他更是常常躺在地板上，各种搞怪、捣乱。因此，我们对于浩浩能否遵守秩序参加完整个行程充满了担心。后来，我们经过讨论并调整了心态。我特别叮嘱领队和跟队的老师，浩浩其实是一个特别优秀的孩子，请求他们一看到浩浩做得好的方面，就多鼓励他。

你做得真好！

出发前，浩浩自愿承担了清点人数的任务。在行程中，每次一上车，浩浩就认真地点人数、给大家分发零食，每次老师们都肯定和鼓励他。神奇的事情发生了！两天的行程里，浩浩一直表现得特别好。当大人们以不一样的眼光看待他时，他们就特别能找到他的闪光点，并随时随地鼓励他。他也完全在老师们期待的眼光当中感受到了接纳，因此表现得超乎意料的好。浩浩的例子说明，罗森塔尔效应即使是在短期里使用，对孩子也有着非常积极的影响。

我在两个儿子读幼儿园的时候就开始不定期地给他们制作优点列表。那个时候，他们认为自己的优点都是一件件的事情，比如帮爷爷拿拐杖、帮阿姨晾衣服、帮奶奶搬东西等。只要是他们说的，我就会在一张大海报纸上写下来，并让他们画画记录，然后贴在他们的房间里。很多时候，两兄弟也会向来访的亲戚朋友介绍这张表，脸上满是自豪和自信。

记得有一次，这张表还帮助易行解决了一个问题。那天一早，易行跟我说他生病了，我一听就知道他的潜台词：我今天不想去幼儿园。

我也不戳穿他，只是摸摸他的额头说："生病了，要多喝水和吃药，妈妈找找看有没有抗病毒口服液和板蓝根。"说完我便开始假装找药。

易行叹了一口气，跟我说："唉，妈妈，你还是帮我在优点列表上加一条'生一点小病，坚持上幼儿园'吧。"

我喜出望外，他自己完成了内心纠结的过程，并且积极地面对了挑战，选择上幼儿园。这个过程对他的自我管理能力的培养非常有帮助。

关注孩子的优点，还有一个好处，那就是父母可以减轻自身的压力，有效增强幸福感。2017 年《国际应用积极心理学期刊》发表了一项研究，他们将 137 位父母分为两组，其中一组接受了一门为期三周的课程，教导他们如何关注孩子的优点；而对照组则继续按照原有的方式教育孩子。三周过后，两组父母与上课前的水平相比，接受培训后的家长们幸福感普遍上升，对自己教育孩子也更加自信，而那些没有参加课程的家长的幸福感和信心都毫无变化。

正向的期待，如优点列表，力量是很强大的；负向的期待，如总是盯着孩子的缺点，力量也是巨大的，这两种期待是你必须了解的。那些总是不被看好的孩子，或总是被纠正错误的孩子，持续时间久了，会从大人的言谈、举止、表情中感受到失望和不被接纳，逐渐地也会以消极的态度对待大人，或者对待自己的学习，因此他们就真的会往变坏的路上一去不返。作为家长，如果你总是盯着孩子的缺点不放手，那无异于天天在给孩子下"精神诅咒"。

易知曾经问我："妈妈，我有什么缺点？"我知道如果这个问题答不好，会对易知造成不必要的伤害。我当时想了一下，便这样回答："在妈妈眼里，你没有缺点。你的所有特点，妈妈都爱。在妈妈眼里，你是独一无二的。"我能从易知愉悦的表情中感知到他对答案的满意。什么是无条件的爱？我想，我对上面这个问题的回答就是最直接的展示。

这样的回答并不意味着你是在忽视问题，只不过换了一个角度来看待孩子的问题。比如，你家孩子如果好动、调皮、不听话，是不是同时也揭示了孩子具备活跃、有创意、有勇气的这些特质？你可以问问孩子，可以如何利用自身的优点去解决问题或者帮助他人。最重要的是，你看待孩子的眼光不一样了，孩子就会朝正面、积极的方向运用自己的力量和特质。

后来，我直接把"孩子问家长我有什么缺点"设计成一个活动，在课堂中训练家长。我会让孩子询问家长"爸爸／妈妈，我有什么缺点"的问题，然后让家长按"在爸爸／妈妈眼里，你没有缺点。你的所有特点，爸爸／妈妈都爱。在爸爸／妈妈眼里，你是独一无二的"这种类似的方式来回答，直到孩子觉得满意为止。接着我会让亲子之间彼此分享感受和想法。这样的活动不仅会令孩子非常感动，有时也会让家长泪流满面。

无论你是具有何种学历的家长，关注孩子的优点都是一个简单易行、能创造奇迹、改变孩子命运的方法。只要你能一直坚持，我相信你的孩子一定能变得更好。

实践案例精选

关注正面：碎瓷片上开出的花儿

厨房里传来哐当一声的脆响，我下意识地站起身来，打算去看看怎么回事。转念一想，我又坐了回去，耳朵却依然竖着，注意着厨房的动静。

门外，踢踢踏踏的脚步声去了阳台，又返了回来，接着是扫帚拂过碎瓷片的声音，然后就安静了下来。我静静地听了几分钟，之后就没有了动静，实在按捺不住，我起身去了厨房。

厨房的地面很干净，没有碎瓷片的踪影，扫帚和簸箕靠墙放着，里面也没有碎瓷片。安安站在桌前，手里正在摆弄一个碎成好几片的汤勺，似乎是在努力地把这些碎片拼回汤勺的形状。

我既好奇又迷惑，忍不住发问："安安，你为什么要把这些碎片捡起来重新拼好呢？你是希望拼好后粘起来重新用吗？"

安安的回答是我想破脑袋也没有预料到的。她一边继续手中的拼接工作，一边说："我觉得地上的碎片好像没扫干净，如果扎到脚就麻烦了，但我又不确定，所以我想把这些碎片拼一拼，看看到底缺了没有。"

这个回答让我又惊喜又钦佩。我用几乎是崇拜的目光注视着安安，说："宝贝，你花了这么多时间去拼好这个汤勺，以确定不会弄伤别人，这就叫责任感。用拼瓷片的方式检验是不是扫干净了碎瓷片，这就叫创造力。妈妈真是太佩服你了！"

"可是，"安安有点疑惑地抬起头，"我打碎了汤勺，你不批评我吗？"

"打碎汤勺的确是件坏事儿，但妈妈看见的，却是好事儿。你看，你能自己想办法解决问题，把碎片清理干净，而且是用这么有创造力的方式。如果打碎汤勺是一个小错误，你已经把这个小错误变成了一个学习机会，妈妈怎么会批评你呢？"

"哦，这就叫坏事变好事！"安安笑了起来，把双手伸向我，掌心里是那个碎成好几片的汤勺，它已经被完整地拼好了，一片都不缺。她小心翼翼地捧着，似乎捧给我的不是一堆拼成汤勺形状的碎瓷片，而是一朵美丽的花儿……

简·尼尔森在《正面管教》中说过："如果你把85%的时间和精力用来认可并鼓励积极的方面，消极方面就会很快消失，而积极方面就会增长到100%，因为这是你所看到的全部。当你关注积极方面时，对你自己和别人都是令人鼓舞的。"

我们与孩子的相处同样如此。如果我们有一双能关注正面、发现正面的眼睛，将目光及时从消极方面上移开，用更多的时间和精力去鼓励和引导积极行为，这不仅会给孩子带来力量，对我们自己来说，又何尝不是一种鼓舞。

一个能培养孩子多项能力的超级育儿工具

家庭是非常需要仪式感的，仪式感能促进家庭成员的亲密关系，对帮助孩子建立安全感和秩序感也特别有帮助。

曾经有人问正面管教的创始人简·尼尔森博士："我们都知道，教育孩子要面对那么多问题，终极目标又要培养孩子的很多良好的品格和能力。正面管教有那么多的育儿工具，如果让你选一个工具，既能解决诸多育儿问题又能有效培养孩子的良好品格和能力，你会选哪个？"简·尼尔森的回答是：家庭会议。

我们家第一次开家庭会议是在两个儿子易知、易行五周岁的生日那天。选在那天的原因是我很想在家里实施家庭会议，但是我能预想得到，如果我跟易知、易行的爸爸说开家庭会议，他的反应很可能会是："上班开会，回家还开会？别烦我了。"所以，我选择在两个儿子五岁生日的时候进行我们的第一次家庭会议。因为孩子过生日，必然要有一个时刻，一家人围坐在一起、许愿、切蛋糕、唱生日歌。那天我和两个儿子一起商量，晚上的生日派对流程要怎样安排，我们要做什么准备。

其实，我们基本上就是按照正面管教中家庭会议的流程走。正面管教建议将家庭会议的流程分为三个步骤：第一步，家庭成员互相感恩与致谢；第二步，家里有什么问题一起商量、投票解决问题；第三步，家庭娱乐，开心开始，开心结束，最后一家人一起玩一个游戏或者品尝特别的美食等。

那一天，我们也是按照这样的三步开家庭会议的。弟弟易行还抢着做主持人。我记得第一个环节的感恩致谢效果就惊吓到我了。中国人不太会表达情感，会觉得尴尬。我们家也不例外，如果没有一个场合和仪式的帮助，即使是对家人的感恩致谢，平时也真的很少说。易知、易行的爸爸刚一开始就说："感谢啊，差不多就行了，不要那么认真吧？"

但是，两个儿子不放过爸爸，他们告诉他，我们的流程必须是这样的。于是，我认真地感谢爷爷，年纪那么大了，还能在我工作忙碌的时候，帮忙照看两个孙子（爷爷笑得合不拢嘴）；感谢阿姨，过去一周里，用心为我们准备了和以前不一样的早餐，自制了萝卜糕，手艺都要赶超酒店大厨了（接下来的一个星期里，我们家的饭菜都特别好吃，感谢的力量太强大了）……

欢乐时光会

然后，我们一起讨论并顺利达成了周末去哪玩的共识，最后借着孩子的生日，我们唱生日歌、许愿、切蛋糕，开心地结束了我们的第一次家庭会议。后来，我儿子给这样的家庭会议起了一个名字，叫"欢乐时光会"。

所以，家庭会议不一定非得很正式，可以从一些轻松开心的生日会或特别的家庭聚餐开始。家庭会议也不必每次都得讨论正儿八经的议题。只要定期能有一个仪式感，一家人在一起，开心地聊一聊、聚一聚，也是很好的。家庭是非常需要仪式感的，仪式感能促进家庭成员的亲密关系，对帮助孩子建立安全感和秩序感也特别有帮助。

另外，感恩致谢的训练，对孩子的帮助也非常大。

我记得有一次家庭会议，其实只有我们母子三人，还是弟弟易行做主持。易知感恩致谢时想敷衍了事，他的感谢是这样说的："我特别感谢易行，因为他放的屁很臭。"说完，他自己得意地哈哈大笑，弟弟却有些不高兴。

我们已经形成了一个习惯，凡是要决定一些重要的事情，如果我们犹豫不决，或者说还不能达成共识，我们就随时随地开一个小会，大家一起讨论，但是感恩和致谢也是必须做的环节。

那一次，我没有理会易知的玩笑，还是认认真真地感谢，即使爸爸、爷爷和阿姨没在场，我也都一一感谢他们，说了很多他们值得感谢的细节，包括感谢阿姨在我们家辛苦工作，没办法天天陪伴自己的家人……

说着说着，我发现易行突然趴在自己的腿上，偷偷地抹眼泪，还有些不好意思。我感到有些意外，没想到感恩和致谢这么有力量；更意外的是，易知主动要求重新致谢。

这样的感恩和致谢，对易知、易行，对所有的孩子的影响有两点：一，常常被感谢，可以让他们感觉到价值感，内心更有力量，也愿意表现得更好；二，他们也练就了一双发现"好人好事"的慧眼，更积极正面地看待身边的人和事，这也有利于他们与学校的小伙伴的人际相处。

定期的感恩致谢，对所有家庭成员也都是有帮助的。彼此的感恩致谢拥有把家庭成员凝聚在一起的神奇力量，它能够使家人之间建立起真正的连接，真正让对方看见彼此、听见彼此，形成和谐的家庭氛围。

家庭会议的第二个步骤，就是讨论事情、解决问题。要避免把家庭会议开成批判大会。家长要努力营造一种平等尊重的氛围，让孩子有机会去表达自己，参与解决问题，参与家里大小事务的决策。

我记得从两个儿子五岁开始，我就特别希望他们能学会游泳。因为我自己小时候就被淹过一次，所以我认为必须找一个教练，让他们尽快学会游泳，这样他们在泳池才是安全的，这是生命攸关的事情。但是，为了这件事，从他们五岁到七岁，我们至少开了三到四次家庭会议。他们拒绝跟教练学游泳，理由是游泳教练很凶，他们不想跟教练学，只想自己在游泳池里瞎玩儿。我和爸爸用了很多方法，他们都没有妥协。每次在对要不要报游泳班进行表决的时候，兄弟俩都是坚决地不举手、不同意。

我也只好无奈接受。没有想到的是，兄弟俩在游泳池瞎玩儿的时候，自己竟学会了游泳。他们的游泳姿势可能不标准，但是他们在水里无比自如，还能在水里随意翻跟斗，或者潜到水底摸个硬币再上来。他们就像小时候我看到过的孩子一样，在池塘、河里都游得非常自由欢快。

这件事于我而言还是蛮有触动的。作为父母，我们都想给孩子做最好的安排，或者我们以为为孩子所安排的一切就一定是最好的。有些时候，把选择的权利交给孩子，即使我们会有些恐慌，但孩子的选择总是会让我们有意想不到的惊喜。生活有无限的可能性，孩子能帮我们打开一个窗口，重新认识这个世界。

美国儿童心理学家鲁道夫·德雷克斯曾经说过："倘若孩子在儿童时期未能学会在自己的家庭中民主生活，今后在社会上学到的机会就很渺茫。"他认为，再小的孩子也是一个独立的个体，也有平等的发言权。孩子长大以后，关于优越和自卑的自我认知已经根深蒂固，童年没有体验过平等、民主的家庭生活，就会在害怕低人一等的现实社会中表现出高人一等的模样。家庭会议是培养规则意识和民主素养的绝佳方式，它能让每位成员感受到自己在权利和义务方面的平等。从这层意义来看，家庭会议包含着对孩子的民主教育。

我知道，中国家庭大都没有开家庭会议的传统。每当在家庭会议上跟孩子讨论事情、解决问题、看着孩子的成长时，我就特别理解为什么正面管教创始人简·尼尔森会说培养孩子的良好品格和能力，她首选的正面管教工具是家庭会议。为了增加孩子对家庭会议的接纳度，我建议每次会议结束时，家长用心安排一些家庭娱乐，让家庭会议成为亲子的特殊时光。

我平时常常会藏起一些两个儿子爱吃的零食，每次家庭会议结束时，像变戏法一样突然拿出来，他们就会特别开心。所以，每次准备一些特别的点心、零食和游戏，孩子就会更愿意参与家庭会议。

家庭会议可以尽量让孩子承担这两个分工：

主持人：孩子做主持人，反而更能确保我们每个人都有平等的机会发表意见；孩子主持家庭会议，也能从中收获领导力、沟通能力、表达能力、倾听能力等。

记录员：记录员的工作是把家庭会议中家人之间相互致谢的内容、议题、解决方案、家庭出游计划等全部记录下来，之后成为一本承载着家庭记忆和爱的回忆录。如果记录员是孩子，年龄又太小，那么可以通过画画来记录，这也是一种记录方式。

实践案例精选

爸爸，去哪儿?

易知、易行在开家庭会议的过程中尝到了可以自己决策一些重要事情的甜头，所以他们是乐意、喜欢开家庭会议的。

他们偶尔会有一些想法，一想到我和爸爸未必同意，就会主动跟我申请开"欢乐时光会"。此时我也知道，他们肯定又有新想法希望得到我们的特批，比如零花钱余额不够了，又想买一个玩具等。

有一次我们在讨论春节去哪儿旅行。兄弟俩都特别想去韩国，因为他们想滑雪。但是爸爸只想去东南亚这些热带国家。兄弟俩在家庭会议前做了很多准备，当他们把这些准备一说出来，我和爸爸都觉得特别好笑。

那个时候，他们刚学会使用手机百度，用语音去查询资料。开会的时候，他们认真地告诉爸爸："爸爸，你不是爱吃辣吗？韩国的泡菜是辣的，很好吃的。爸爸你不是爱喝酒吗？听说韩国有一种很好喝的酒……"

当然啦，姜还是老的辣，爸爸三两句就把他们给说服了。每次出去旅游，我会给兄弟俩发一些零花钱，让他们自己选择买一些小礼物回来。爸爸那次就问他们："你想不想要100000元的零花钱？"兄弟俩听完眼睛都瞪大了。爸爸说："如果去越南的话，我就给你们发100000越南盾的零花钱。"兄弟俩立即欢呼雀跃，很快举手表决，全票通过去越南旅行。

不管结果怎么样，我都知道这个过程对兄弟俩来说是非常有帮助的。他们在其中学会了努力去觉知他人的需要，并且尝试站在他人的角度去说服别人，最后他们也学会了妥协以及放弃。有些时候，学会妥协和放弃并不是一件坏事。

家长如何与老师沟通才对孩子的成长最有利

要记住，任何一次与老师的沟通，最重要的是帮助老师和孩子拉近关系。

在过去的几年里，我走进了很多学校，也跟很多老师进行过培训和交流。老师们普遍反映，与家长沟通是他们工作最大的难题之一；而在我接触家长的过程中，我也听到家长们反映，与老师的沟通越来越有压力。那么，家长与老师怎样沟通才是对孩子的成长最有利的呢？

关于家长与老师的沟通，我会从两个维度来跟大家分享。第一个维度是当老师向你反映孩子问题的时候，作为家长，你要如何回应；第二个维度是当你要向老师反映孩子的问题的时候，怎么表达才最好。

老师打电话或发信息向你反映孩子在学校有违反纪律的行为，比如说跟人打架了，我们作为家长该怎么回应？关于这个问题，我们曾经组织老师和家长共同讨论过，得出了家长常见的三种错误回应方式和正确回应的三个步骤。

先说说三种错误回应方式。第一种，在收到老师电话或信息的同时就批评指责孩子；第二种，向老师解释或辩解；第三种，质疑老师说的是否事实。而第三种家长的错误回应方式就是老师们最害怕的。

第一种家长也叫刺激反应型家长。只要老师反映孩子有问题，这类家长第一时间想到的就是批评指责孩子，把问题纠正过来，甚至还会跟老师承诺，一定狠狠批评教育孩子，让孩子承认错误，似乎这样做才能显得他是一个支持和配合老师的家长。然而事实并不是这样的。在大多数情况下，这种做法都会间接伤害师生之间的关系。如果孩子不喜欢一个老师，那么他就不愿意学这个老师所教授的科目，而且也很难学好。如果孩子不喜欢班主任，甚至会产生抵触上学的情绪。

第二种错误的回应方式中的解释或辩解，比如家长告诉老师"孩子之所以这样，主要是因为家里多了老二""孩子最近睡眠不太好"等，也是老师们不喜欢听到的说辞。很多时候，这些解释听起来都像是在逃避问题，这会让老师觉得问题无法被家长重视，次数多了甚至会让老师产生放弃帮助孩子的想法。家长这种逃避式的解释，孩子听多了，便会在潜移默化中学会辩解，十分不利于孩子责任心的培养。

第三种错误回应方式是家长带着质疑的口吻与老师沟通，比如告诉老师"我家孩子在家从不打架、在家很少发脾气的、在家一直挺乖的"，而此类说辞的潜台词一般都是"怎么到了学校就这样呢"。然而，还有更糟糕的回应方式是老师一反映孩子在学校打架，家长就立刻反驳道："一定是有人欺负我们家的孩子，是别人家的孩子不对，我们家的孩子肯定是没问题的……"家长们，让我们换位思考一番，如果你是老师，听到家长这样的反馈，你会有怎样的感受、想法和决定呢？

其实家长的这种回应是典型的防御 / 攻击沟通模式，孩子从中学到的也是用攻击的方式来处理人际关系，这恰恰会激化孩子的攻击行为，比如打架、吵架、乱发脾气、爱打小报告等。

作为家长，老师向你反馈孩子的问题，正确的回应方式是三个步骤：共情、积极倾听、感谢。比如：当老师向你反馈孩子在学校打架的问题时，你第一步应该做的是与老师共情。你可以这样对老师说："老师您工作这么繁忙，有孩子不遵守纪律 / 打架，您一定感觉挺烦、挺闹心的。"老师听了会觉得被理解了，就比较能心平气和地继续沟通。

第二步，家长此时可以停止说话，选择倾听老师，了解孩子在学校发生的情况。积极倾听的要点就是多关注和重复老师的感受和想法，例如"哦，老师你是这样想的，我明白了""嗯，老师你希望这样，我理解了"……

第三步，感谢老师："谢谢老师对孩子的关心和帮助！孩子其实一直是很认可、很喜欢老师您的，上周还跟我提起您帮助他……我会跟孩子沟通和教育他的，后续再跟老师您反馈跟进情况。"

家长与老师的每一次沟通，都是在帮助老师和孩子拉近师生关系。良好的师生关系是孩子喜欢学习、喜欢上学的重要基石，同时也是帮助孩子解决问题、改善行为的关键因素。

无论老师反馈了孩子的什么问题，建议家长都要以积极的模式告知和引导孩子，比如告诉孩子"老师说你的情绪控制能力比以前进步了，最近少发脾气了"（老师反馈孩子发脾气）；"老师说你上课有时候能积极回答问题，你很努力学习"（老师反馈孩子上课不专心）；"老师说你独立自觉完成作业的次数比以前多了，有进步"（老师反馈孩子不能按时完成作业）……

"老师说，他很喜欢你。"每次老师在与我反馈学校信息后，我都会和儿子说这句话，因为我深知，帮助老师和孩子拉近关系是家校沟通的第一要务。

接下来，我们谈谈在向老师反馈孩子的问题时，该怎么表达。

在一次幼儿园老师培训的过程当中，有一位老师私底下坦诚地告诉我："马老师，你知道吗？一些家长我们真的怕了他们了。但是，惹不起，我们还躲不起吗？"

我很惊讶地问她："你怎么躲？"

这位老师的回答让我很意外："我们会把这些'惹不起'的家长的孩子保护起来。当孩子们要去户外活动的时候，我们会给这些孩子安排一些特别任务，尽量让他们不要乱跑，可以在一边待着，避免他们发生一些磕碰摩擦，这样我们也就可以少很多麻烦。"

我知道，这位幼儿园老师说的"惹不起"的家长，应该就是常常向老师反馈孩子的问题、并且以纠错为使命的家长。

最常见的情形就是孩子在幼儿园受伤了，比方说孩子哪里刮伤了，或者被其他小朋友抓伤了。老师很可能没有发现这些很难让人察觉的小伤，但是大问题，老师是一定能发现和知道的。如果家长发现了那些老师并未察觉的小伤时，应该怎么跟老师反馈问题呢？这里就涉及了两个"应该"和两个"不应该"。先说"不应该"：第一个"不应该"是不应该指责、质问老师为什么不知道孩子受伤；第二个"不应该"是不应该逼老师找出责任人，让责任人认错。

这两个"不应该"可能会让家长们觉得有点难以接受，因为家长都很爱自己的孩子，看到孩子在学校被欺负了、受伤了，会很心疼，还会担心以后的在校生活会继续发生同样的事。其实，如果孩子在学校受伤了，即使是小伤小痛，老师们的压力也是特别大的。如果家长兴师动众地质问老师，非要分清是谁的责任，老师的压力就会更大；这样的控诉只会激发老师更多自保的行为，而不是积极改进。

这对那些貌似被"保护"起来的孩子的影响其实更糟糕。这些孩子会形成"我没有能力、我需要特殊的保护"的自我认知，久而久之会因此缺乏勇气和自信。鲁道夫·德雷克斯说过："受伤的膝盖可以痊愈，受挫的勇气则会终生留下伤疤。"

那么孩子在学校发生磕磕碰碰、小伤小痛的情形，家长的"两个应该"是什么呢？家长的第一个"应该"就是应该处理孩子的情绪（如果孩子有情绪的话），引导孩子思考可以如何避免类似的情况再次发生。与家长总是设法保护好孩子相比，帮助孩子建立自我保护的意识对孩子的身心成长更重要。

如果你认为需要向老师反馈情况，第二个"应该"就是应该用"我句式"与老师沟通。"我句式"就是表达感受、描述事实、说出想法，比如"老师，我今天有些担心，因为看到孩子的脸上被刮伤了，我担心孩子会伤到眼睛，想了解一下是怎么回事"……

另外，建议家长给老师打电话的时候尽量避开孩子，以免给孩子植入一个信息——家长会替他解决所有问题，这也会加重孩子受害者的感觉。

最后，家长跟老师沟通完情况之后，别忘了沟通的要务：帮助孩子和老师拉近关系。比如反馈了解完情况之后，家长可以跟老师说"孩子最近回家，经常夸老师呢（此处增添一些细节）。孩子说，很喜欢老师"等此类肯定老师工作的话。

任何时候，如果你跟老师沟通完，你感觉没有拉近老师和孩子的关系，甚至是损害了老师和孩子的关系，这样的沟通就是无效、无用的。

实践案例精选

遇到愤怒的老师

家长与老师的关系，与孩子的幸福指数息息相关。当遇到愤怒的老师，甚至打骂孩子的老师，作为家长该怎么办？下面是一个类似情形的案例。放学后，李老师把豆豆留下，因为她今天没交作业，还把玩具带到学校，甚至在上课时间跟同学讲话。李老师对此很生气，因为豆豆最近经常发生这些事情，还屡教不改。于是，李老师打电话把豆豆妈叫来办公室（当时豆豆妈正在楼下等豆豆放学），当着豆豆的面，李老师跟妈妈讲述了今天发生的事情，并一边推搡豆豆一边对豆豆说："老师之前有没有跟你说不能带玩具来学校？把老师的话当耳旁风是不是？"

如果你是豆豆的妈妈，你会怎样跟老师沟通？你又会怎样跟自己的孩子沟通？

豆豆妈相信豆豆不是故意与老师对着干，但也知道直接跟老师解释、对质，或者跟孩子一起在背后指责老师都无益于孩子与老师的长期关系，更无益于孩子认识到自己的错误并改正。那她是如何做到这一点又同时让老师学会民主、尊重地对待孩子的呢？以下是豆豆妈与李老师的部分对话。

豆豆妈："总出状况，让李老师操心了。"

李老师："这两天还好。"

豆豆妈："嗯，这段时间我们俩经常谈心。总的来看，她还是很喜欢学校生活的，晚上经常跟几个同学一起玩。"

李老师："嗯，谈谈心挺好的。毕竟孩子的很多想法都需要家长加以纠正和正确引导。"

豆豆妈："是的，刚开学我也有很多不适应，焦虑的情绪影响了孩子。李老师的耐心和宽容让我现在调整得好多了。"

李老师："今天我让她写字给我看，好像竖弯钩的笔画稍微好了点。"

豆豆妈："是啊，您推荐的方法确实管用。"

李老师："本来如果不下雨，我想下午放学让她留一下，我指导一下，不过下雨就不太方便了。"

豆豆妈："嗯嗯，您费心了！李老师对孩子的关心和爱，我作为家长自然是能感受得到的。虽然孩子语言表达不出来，但能看出来，她很喜欢您，一说起李老师都是满脸的幸福。"

李老师："豆豆有进步，我也是很高兴的。豆豆妈，我先改作业了。如果豆豆在学校有什么改变，我都会和你交流的。"

豆豆妈："好的。李老师您一堆工作，真是不容易！天凉了，注意身体，您也要对自己好一点。"

李老师："您也一样，谢谢！"

豆豆妈："对了，李老师，之前豆豆找我签名，总需要我提醒，提醒多了打扰她看书会嫌我烦。所以我跟她商量了，从这周开始我便不再提醒了。万一她忘记找我签名，她会自己跟李老师解释。"

李老师："嗯，好的。"

其实，看上去非常蛮横、专制的老师也是有讲道理、和善的一面，这就看家长是如何对待老师，以及如何与老师进行沟通了。

豆豆妈听了老师的想法，也感谢老师的耐心和宽容，还代表孩子表达了对老师的喜爱。听到豆豆妈的这些话，老师自然就愿意表现得"耐心和宽容"，不仅表扬豆豆"写字好了点"，还主动提出可以多辅导孩子。

通过这件事，豆豆妈和老师的情感连接比之前更进了一步。豆豆妈趁机提出"把作业的责任还给孩子"的观念，也是巧妙地影响了老师。

第五章

如何放手又放心地陪孩子写作业

一到开学季，朋友圈里遍布类似"不提作业母慈子孝，一提作业鸡飞狗跳"的各种段子。写作业难、"三陪"父母苦，已经成为时下家庭教育热度不减的话题。陪孩子写作业、引导孩子独立自主完成作业果真那么难吗？其实，只需学习几个简单的办法，家长就可以做到从陪好到陪少，最后到不用陪的转变。

陪好：为孩子营造温暖愉快的学习氛围

父母坐在书桌前，目的不是监督和显示权威，而是营造愉快温暖的学习氛围。

前段时间有一篇文章风靡朋友圈，说的是关于家长陪孩子写作业的"事故"。有的家长陪孩子写作业得了心梗被送进了医院，有的则被孩子称为"后妈"。也许你也有陪孩子写作业的困惑，甚至还因为作业引发过家庭矛盾。

我有一个朋友，他是一家网络公司的资深编辑。他说，每天晚上当他拖着疲惫的身体回家，只要到了一楼就总会听到他二楼家里的声音。此时，孩子的妈妈正在声嘶力竭地责骂孩子："你怎么这么笨啊？说了多少遍了，怎么就不懂啊？""这么短的一段文章，怎么就总是背错呢？再背 10 遍，一定要背出来。"……这时候，他只要打开家门，孩子妈妈一定是连他也一起骂："你还要不要管孩子了？你知道孩子就是遗传了你的笨脑子吗……"他说，因为孩子的作业，他每天一想到回家就感到恐惧和绝望。

让我们再来听听当当家的故事吧。

每天晚上七点到十一点，是当当家最紧张的时刻。当当妈从早上起床开始就会为孩子的作业问题感到焦虑，不知道晚上怎么才能让孩子早一点做作业，也不知道自己什么时候才可以不需要以发脾气、河东狮吼的交流方式来应对这个问题。到了晚上，她先是和颜悦色地提醒当当该做作业了："当当，好孩子，快去做作业吧，做完作业咱们就可以聊会天了。"

当当不为所动，坐在餐椅上继续琢磨自己的乐高积木。

当当妈提醒自己要好好说，不能发脾气。于是她深吸了一口气，继续说道："快去做吧，不做不行，不然又会熬夜，爸爸又会发脾气了。"

当当还是头也不抬地继续摆弄自己的乐高积木。

这时，当当妈还会继续说："快去做作业，做完作业妈妈给你 10 块钱。

"快去做作业，做完作业妈妈周末带你去玩。

"做完作业妈妈让你玩一小时游戏。"

刚开始的时候当当还很配合妈妈，做作业也算高效。但是慢慢地，妈妈的诱惑对当当失去了魅力。尽管妈妈不断地加码，但是当当的积极性却越来越低，到最后所有方法都完全无效了。

此时当当妈也终于沉不住气了，变得烦躁起来："快放下乐高积木，马上去写作业！不然我把乐高积木没收了！"而当当磨磨蹭蹭、半天都完不成作业的时候，妈妈就开始河东狮吼了，声音大到整栋楼都"震动"了。

阿尔弗雷德·阿德勒认为，孩子们时时刻刻都在做着决定，关于自己是谁，周围环境是怎么样的，为了生存和发展，他们都会形成一定的意识和想法。

大家猜一猜，当当在和妈妈的互动过程中，会做出哪些人生决定、形成哪些人生信念呢？

七岁的当当会认为自己很能干吗？他会觉得自己很负责任吗？他会认为自己是

一个有能力的孩子吗？他会认为周围的环境是支持他的、安全的、值得信任的吗？答案是否定的。

因为当当在漫长的学习时光里，已经被妈妈"培训"成"不负责任、不自信、推脱责任、不主动、不积极"的孩子。他不觉得做作业是自己的事情，而是慢慢地学会用各种方式来对抗妈妈的安排、唠叨以及诱惑，也会时刻恐惧妈妈的指责和怒骂，但是他依然没有办法学会独立完成作业。他的行为就是拖延、应付、磨蹭和拖拉。一旦这种情况延续到青春期，他要么不和父母沟通，要么就是和父母对着干。

以上这种孩子和父母的互动，也许每次都以完成作业为结局，但是在完成作业的过程中，孩子养成了恶习，这些恶习比不完成作业更伤害孩子的健康心理、自我肯定和价值感。

上面提到的这两种陪伴孩子写作业的模式，我猜很多人都不陌生，要么过于严厉和控制，要么太过娇纵而缺乏界限。当奖励无效时转向控制，控制无效又转向放任，最后的结果只能是孩子失去了独自处理事情的能力，继而越来越觉得自己无能为力，越来越依赖他人，亲子关系也因此变得越来越差。最终，孩子会养成讲条件、操纵他人、依赖他人、对抗、不关注事情、习惯抵抗的行为模式。这样的孩子，不仅学习成绩不会好，在各方面的能力更不会好。

相信以上的结论会让很多家长都惊出一身冷汗。那到底要怎样陪伴孩子做作业才叫陪得好呢？让我们来看看泡泡妈妈的故事。

泡泡妈是一位正面管教讲师，她的孩子泡泡是一名七岁的小学一年级学生。有一天，泡泡妈在检查泡泡的作业时发现，泡泡最近都没有做生字卡，而且是连续四篇课文没有做，此时泡泡妈心里就有些着急和生气。她先做了十次深呼吸，然后问泡泡："你的生字卡准备怎么补啊？"

泡泡很不情愿地说："我明天补吧。"泡泡妈同意了。

第二天因为有一连串的活动，所以等到要做生字卡的时候已经是晚上七点了，而且玩了一天，泡泡已经疲乏了。她一打开书，就开始哭着说："这么多字，都有100个了！怎么做啊？你帮我做吧。"

泡泡妈心里咯噔一下，她知道其实并没有这么多字，泡泡只是在为不写作业找借口而已。当时她的脑子里弹出了一连串想要指责的话，但她再次深呼吸，忍住，说："你觉得生字那么多，写不完，你现在感到又烦躁又害怕，希望我帮你？"

泡泡泪汪汪地点头。

泡泡妈说："生字卡是你的事情啊。我不能代替你做，我来看看可以怎么帮助你吧。"

生字卡有三个部分：生字、拼音和画图。生字只要求认识不要求会写。看到这儿，泡泡妈妈心里有数了。她说："我们先画图，怎么样？"

泡泡说："没问题，画图很简单，我可以的。"

泡泡是一个爱画画的孩子，于是泡泡妈把任务分解，并且先挑孩子最喜欢的做。

十几分钟后，泡泡做完了。她开心地欣赏着自己的作品，咯咯地乐着。泡泡妈和孩子一起享受着完成一个小任务之后的成就感。五分钟之后，泡泡妈温和地提醒道："宝贝，要写拼音了。"

在"我能行"的成就感中，泡泡开心地继续写拼音，十几分钟内就高效地完成了。

泡泡和妈妈击掌欢呼，然后提出了让妈妈惊讶的提议："我要把生字也写了！"

泡泡妈说："老师没有要求你写生字啊，只要会认就可以了。"

可是泡泡不听，自己开始一笔一画地写，专注且毫无杂念。

等到写完生字，泡泡长长地舒了一口气，拿起自己做的生字卡看了又看，纯洁的眼睛中洋溢着满满的幸福感。

泡泡开心地说："妈妈，我觉得现在好轻松！下次我一定要预习完了马上把这课的生字卡做了，不再堆在一起了。"

在这个故事里，我们可以看到家长在处理孩子不想做生字卡这件事情上做到了既和善又坚定。

和善：理解孩子。对于一个一年级的孩子来说，没有完成四篇课文的生字卡如同一块巨石阻挡在她的面前，让她感觉害怕、烦躁、有压力，这是能够理解的。

坚定：老师布置的作业必须完成，而且家长有责任帮助和督促孩子完成。

泡泡妈使用了共情和关注两个正面管教工具来解决问题，通过帮助孩子分解任务，让孩子享受到成功的快感，从而产生价值感和"我能行"的信心。

如果家长能够长期使用这样的方式来帮助孩子，孩子将学习到理解自己、相互尊重、解决问题的能力和责任感。

对于父母而言，能和善而坚定地陪好孩子，孩子就会感觉被理解、被尊重、自己有能力和责任感，也会因此受到鼓舞并关注内在自我价值的实现，从而对学习保持积极的兴趣。

学习是孩子的事儿，父母不应该包办代替，但让孩子在什么样的氛围里学习，是父母可以尽到的责任。

正如家长学校的校长陈绮的感慨：

"父母坐在书桌前，目的不是监督和显示权威，而是营造愉快温暖的学习氛围。做到这两点很不容易，因为我们不熟悉这样的做法，就好像做作业对孩子来说也是不容易的，彼此体谅吧。我们做不好的时候，孩子从来不会吼我们，反而是默默承受和原谅，他们真是我们学习的榜样！"

我们的目标是让孩子好好学习，那么，给孩子营造温暖愉快的学习氛围，便是家长最值得做的事。

当家长可以这样和善而坚定地陪孩子做作业，就能陪得轻松、陪得好，孩子的学习也会越来越主动。

但我们的目标不是要一直陪着孩子写作业，而是不但陪得好，还能过渡到陪得少，最后达到不再需要陪孩子写作业，让孩子能独立、自律、高效完成作业的目标。如何达到这个目标？下一节中，我们将继续探讨。

陪少：健康互动，激发孩子的学习欲望和动力

在与孩子互动时，家长需要结合孩子渴求新知识的欲望、解决问题的喜悦与满足，以及对获得价值感和成就感的渴望，引导并激发出孩子的学习欲望和动力。

人，天生就是学习的动物。鸟儿会飞翔、鱼儿会游泳，而人类会思考和学习，也因此才能物竞天择，适者生存。每个孩子天生就有学习的兴趣。同时，每个孩子也有自己的学习和思考方式，这些方式从他们出生开始就陪伴着他们，自然而有效。

所有的孩子都渴望独立，希望自己对周围世界的掌控能力不断增强，并通过学习去实现这一切。当他们发现自己对世界并没有控制能力时，他们会沮丧、失望，会感觉无能为力，丧失归属感和价值感，可能会从而转向另一个方向——厌学。

不幸的是，很多时候家长无意间就推着孩子往这个方向走，给孩子学习兴趣的火苗浇了一盆冷水。

看看接下来的这些场景，你是不是很熟悉？

孩子在写作业，家长看见错误就去纠正："你这个偏旁写错了，应该是两点水，不是三点水。"

各种提醒的："这个字儿不太工整哦！集中注意力。"

直接帮忙的："这个字应该这样写，来，我写给你看。"

这里其实每一句话都是在提醒孩子：你不行，你做错了，你是无能的！时间长了，孩子会觉得学习是痛苦的、是会带来打击和羞辱的，而我没有价值。孩子的学习兴趣和对学习新知识、新技能的渴望也因此会被一点一点地磨灭掉。

在与孩子互动时，家长需要结合孩子渴求新知识的欲望，学习到新技能后解决问题的喜悦与满足，以及对获得价值感和成就感的渴望，引导并激发出孩子的学习欲望和动力。

几个月前的一天，我接到一个朋友的电话，她请我去她家帮忙，从下午四点半接孩子放学到九点半她爸爸回到家的这段时间，照看一下她的女儿瑶瑶。瑶瑶八岁，读二年级，由于我和她妈妈是好朋友，她对我也很熟悉。自从瑶瑶上小学后，我时常会听到她妈妈叹气："这孩子太拖拉了，每天写作业我都得在旁边陪着，眼睛得紧紧地盯住，否则一篇字儿能写上两小时！我现在晚上哪儿都去不成，唯一的任务是陪她读书，简直就是一痛苦的陪读妈妈！"

四点半，我从校车站把瑶瑶接回家。在路上，我跟她约好，回家后先写完作业，吃完晚饭和邻居小朋友玩一个小时，然后洗澡，九点上床，入睡前她自己读一会儿书也行，我给她讲故事也行，九点半准时关灯睡觉。

回到家后，瑶瑶去自己房间写作业，我准备晚饭。半小时后，我来到瑶瑶的房间，看见她趴在床上拼乐高积木，书包丢在一边，连拉链都没打开。我问她："瑶瑶，你的作业做完了吗？"她抬起头说："阿姨，我想先玩一会儿再写。"我忽然想起瑶瑶平时都是由妈妈陪着写作业，她可能不太习惯自己独立完成，于是我就对她说："瑶瑶，你是想阿姨像妈妈一样陪你写作业呢，还是想试试今天不用大人陪，自己写作业？"

她停下手中的动作，说："阿姨，我想让你陪我。"

我说："当然可以。不过，如果是这样的话，我们就得等你写完作业阿姨才能做晚饭，晚饭时间推迟了，你去邻居小朋友家玩的时间就得缩短了。你自己决定吧！"

瑶瑶从床边站起来，拿起书包说："那我还是自己写吧，我想在隔壁多玩一会儿。"

这一次，我没有立即走开，而是继续问她："瑶瑶，可以告诉阿姨你有哪些作业吗？"她打开书包，拿出书指给我看："语文要完成写字本上的这篇字；英语要读十分钟课文；数学是一篇口算。"我大概估计了一下，正常的话，完成这些作业一个小时足够了。

看着瑶瑶从书包里掏出书本和文具盒，我说："阿姨现在去做晚饭，我们大概一个小时就可以吃饭。如果你吃饭前能写完作业，就不会影响到跟小朋友一起玩的时间了。你自己觉得，一个小时的作业时间够用吗？如果时间不够，我们可以怎么办呢？"

瑶瑶想了想，说："阿姨，你能不能边做饭边过来看看我，然后告诉我几点了，如果我有不会的题也可以问你。嗯……我想先做语文和数学，如果一个小时时间不够，我就睡觉前再读英语。"

瑶瑶的回答让我又惊又喜，我忍不住给了她一个大大的拥抱："好的，我们就这么办！阿姨做饭期间抽空来看看你，提醒你时间，如果实在一个小时写不完作业，咱们就把读英语的作业放到睡觉前完成。不过，阿姨相信，你一定会在一个小时内完成所有作业的。"

接下来的一个小时里，我每隔二十分钟就去瞧一眼瑶瑶。选择这个时间间隔，一方面不会打搅她的专注；另一方面，二十分钟也差不多是孩子注意力能集中的一个时间界限。

第一次去看瑶瑶时，她已经写完了语文作业，正在做数学口算，专注得连我进去都没发现。我没打搅她，悄悄退了出来。第二次去看她时，她的数学作业已经差不多完成一半了，正在给铅笔、尺子和橡皮排队玩儿。我轻轻地拍了拍她的肩膀，给她看手机上的时间，她不好意思地笑了，回到作业上去。

四十五分钟后，她写完了所有的作业，包括英语课文的朗读。她把作业拿给我看，我发现了一个口算的错误，但我并没有立即纠正，而是对她说："瑶瑶，阿姨注意到你的语文作业每个字的笔画都很规范，都写在了格子里，和旁边示范的字儿几乎一样漂亮；数学几乎没有涂改的痕迹，说明你是一口气做完的，这一定是掌握了课堂学习内容的结果。同时，阿姨还注意到你昨天的口算错了两道题，得了 A-。如果今天的作业你想要得 A+，你可以做什么呢？"

她立即说："我可以再检查一遍！"

后来，我们准时吃饭。看着瑶瑶收拾书包时一脸心满意足的样子，我对她说："瑶瑶，你能在和阿姨约定的时间里独立完成所有作业，而且还检查改正了作业上的错误，这真是一个大大的进步。我相信，写作业这件事啊，你可以越来越独立地完成。"瑶瑶边点头边说："明天我也想自己写，不让妈妈陪。"

对于瑶瑶妈妈来说，离瑶瑶从此可以独立完成作业，妈妈可以越陪越少，还需要一个过程。孩子的积极主动性需要不断被强化，天生的学习热情也需要得到呵护和激发，为此家长可以像下面这么做。

1.和孩子一起设立完成作业的小目标。目标一定要合理，踮踮脚尖就能够得着。

比如，我和瑶瑶达成的一致目标是一个小时内完成作业。这样既不影响原定的玩耍计划，对瑶瑶而言，也是稍稍努力就能达到的目标，所以她乐于接受，并愿意为自己的决定承担责任。

2. 用导航式语言代替不言语和模糊语言。我们都听过汽车导航系统对方向的指引，例如"请在前方第二个路口向右转"，不但清晰明确，而且在我们开错方向时会立即规划新路线，条条大路通罗马。想想看，如果导航仪的提示都是"不要向前""不要掉头""不要向右"等，我们就会觉得这导航仪坏了。家长在指导孩子写作业时，也应尽量用清晰具体的指引，比如"这个字要写得和老师示范的一样，写在田字格里"，而不是"你把字儿写工整点"的责令式语句。孩子犯了错误没关系，重新来过就好。

3. 给孩子可以自己做主的权利。比如让孩子自己安排作业计划，自己决定什么时间做什么事。家长可以适当提供帮助，但不是在身边不停地提醒。每个孩子都希望能独立，希望有更多掌控的能力、有自主权，这样他就会感觉自己是一个很有能力的人。

4. 多给孩子提问题，而不是下命令。家长在检查作业发现了错误的时候可以用提问题的方式来引导孩子思考，比如"如果作业想要得到 A+，你可以做什么"，而不是以"你要检查作业"这种下命令的形式来要求孩子。

类似的问题还可以这么问："你今天计划什么时候完成作业？"

"看看你的日常惯例表，下一件事该做什么了。"

"想想看，今天要独立、高效地完成作业，可以怎么做？"

家长一定要记得，在提问的时候，温和的语气是特别重要的，一定要注意用和善、尊重的口气跟孩子说话，因为孩子是非常敏感的。

命令会让孩子抗拒，孩子是听不进去的。而提问给孩子带来思考的机会，让孩子自己做主，孩子感觉这是自己在决定的，自己是有能力的。

5.关注孩子做得好的地方,并及时给予鼓励,让孩子感觉到自己有价值、有力量。

我们要给孩子带来一个愉悦平和的学习环境,同时让他们感受到自己可以有掌控感,有思考的空间和机会,而不是时时指出他们的错误,让他们感觉到沮丧和无能。我们对孩子做得好的地方要及时给予关注和鼓励,让他们能感受到学习新技能的快乐,以及 "我可以独立解决问题" 的喜悦与满足,从而激发更多的自主性,减少对他人的依赖。在下一节,我们会继续探讨家长如何从陪得好到陪得少,到最后放手不再陪孩子做作业,实现孩子独立自主完成作业的目标。

不陪：放手，让孩子独立自主地完成作业

带着爱和信任，慢慢放手，允许孩子犯错，让孩子在错误中学习，一步步走向自主、独立与自律。

家长课堂上有一位家长，他和妻子都是名校毕业的企业高管，在儿子上一年级时，他们就每天监督儿子学习。小学期间，儿子比较配合，但自主性和自觉性一直没有长进。在他们严格的监督下，儿子小学期间的成绩也还不错，最后考上了一所市级重点中学。这是一家寄宿式学校，孩子每个周末才回家。因为脱离了父母的管束，又没有培养出自我管理的学习习惯，再加上中学的学习难度明显增加，儿子的成绩开始下降。儿子一直很喜欢看漫画和小说，由于以前不能尽兴地看，现在看漫画书几乎成为了他生活的全部，后来发展到逃课，成绩更是一落千丈。夫妻俩对此心急如焚，但已经进入青春期的儿子已不再像小时候那样对父母言听计从。面对父亲的批评与愤怒，还有母亲的唠叨与眼泪，儿子要么不耐烦地直接关上房门，要么就和他们大吵，威胁要离家出走。

这位父亲很是痛苦困惑，他说："我能做的都做了，给他最好的条件，最多的陪伴。其他孩子的父母很少陪孩子，所以孩子调皮捣蛋不学习。而我和他妈妈就算再忙也都没忽视过对他的教育，从一年级开始就陪在他身边，他从小也很乖，很听话，为什么一上中学就变成这样？我们是不是应该给他转学，让他天天回家，严加管教，情况才会好起来？"

我告诉他，之所以会变成这样，恰恰不是因为他们不管，而是因为管得太多、管得不得法。

家长们，你是否还记得孩子学习走路时的情景？他们是怎么学会走路的？

我的女儿从八个月左右就开始尝试着从自己的小床上坐起来，两只手抓住小床两侧的围栏，一使劲儿，起身站住，扶着栏杆，小心翼翼地迈出小腿，一步、两步，走不稳啪的一声跌倒，爬起来再尝试。我们在旁边并没有立刻将她抱起，而是在不停地为她鼓掌加油。为了给她创造更大的空间，我们把学习场地从小床转移到客厅，将家具的边角都用海绵和胶布包起来，在客厅铺上地毯。我牵着她的手，帮助她一次次地练习。在她一岁生日那天，我放开她的手，让她从五步外走向我，虽然跟跟跄跄，但她做到了。很快，她就学会了走，学会了跑……尽管房间里家具的边角依然包着海绵和胶布，但我知道，用不了多久，这些保护措施就会被撤掉。

你是不是也依然记得，你牵着孩子的手，一次次教他学习走路的情形？当你第一次放手，等着那个小小的身影跟跟跄跄地从几步开外扑到你怀中的时候，你是否能感受到巨大的喜悦？可能他还没扑进你怀里就摔了一跤，但当他自己爬起来继续向你奔来时，你会为他的学习能力和锲而不舍赞叹吗？可能他摔倒过很多次，但你是不是一直都很笃定，他一定能学会走路？

阿尔弗雷德·阿德勒认为，每一个人要实现精神健康都需要四个基本要素：拥有内在的归属感；具有不断成长、提升和学习的意识；走向独立，证明自己的价值和重要性；感受并具备"哪怕心怀畏惧依然奋勇前行"的勇气。

孩子学习走路的过程也正是如此。随着一次次的尝试，孩子们发现自己有控制身体协调性的能力，这样的发现让他们好奇而喜悦，他们继续努力，并从错误中学习，在一次次的进步中感受到自己越来越独立、越来越有价值。而家长们的爱的许可、对错误的宽容，对每次进步的鼓励都会让孩子感受到归属感，并拥有勇气。

一转眼，那个还在学习走路的孩子已经成为了小学生，开始进入新的人生阶段。和学会走路一样，学会独立学习，这也是他们人生成长的必经阶段。对于学习，他们天生具备不断成长和提升自己的需求，并准备在自己一次次尝试和努力的过程中去感受归属感和价值，去实现走向独立的目标。

可是，有些家长却不懂得这一切。当你每天为陪他写作业而忧心忡忡，担心他不认真、担心他写错、担心他注意力分散、担心他作业写不完会被老师批评，这一切的担心都会造成孩子学习吃力、成绩退步的结果；自此之后，你可能又会生成新的担心，担心他从此一蹶不振迈向失败的人生……可你有没有发现，你的担心只会给孩子带来最大的负能量？这些沉重的枷锁就如同那些保护孩子不受伤的海绵和胶布，紧紧地缠在孩子身上一辈子，让他无法自由地呼吸、痛快地成长。

无论是学走路，还是学习独立写作业，都是孩子自己的事儿。总有一天，家长得学会放手。那么，家长要怎样做才能既放手又放心呢？

首先，放手不是放任不管，更不是放弃，而是帮助孩子去感受自己可以独立、有能力解决问题时的价值感和重要性，从小事做起，花时间训练，慢慢放手。

例如，对于刚上小学的孩子，家长可以手把手教孩子如何收拾书包和文具，当孩子学会了，就不再插手；家长和孩子一起制定作业惯例表并根据情况适时调整，并提醒孩子遵守；在孩子遵守惯例表按时完成作业时及时给予孩子鼓励；孩子在写作业时，家长可以在旁边陪着做自己的事，当孩子需要帮助时再提供适当的帮助和指导；孩子做完作业后，家长适当地检查孩子的作业，并让孩子也自己检查一遍。

到了二年级，孩子就可以自行制定作业惯例表，家长只需给予适当的提醒；在孩子写作业时，家长可以走开，安心做自己的事儿，在孩子需要帮助时才给予帮助；减少检查孩子作业的次数，每周翻看一下孩子作业的完成情况，和孩子一起就需要解决的问题制定解决方案。

等到孩子再大一点，家长只需要问问他惯例表的下一项是什么，和孩子一起聊聊关于作业的快乐和困惑；定期关注孩子的学习状态和效果，当出现问题时鼓励他自己解决问题，如果孩子同意，在家庭会议里一起讨论解决办法。

无论是写作业还是其他方面的自我管理，从手把手教授技能到完全放手，对家长和孩子而言都是一个必然的过程。在这个过程中，家长要及时发现和看见孩子做得好的地方，并及时给予肯定。家长们也可能会问："我放了手，万一他摔跤了怎么办呢？"

我们看看三川玲是怎么做的吧。三川玲连家长微信群都让孩子自己看。家长微信群最重要的功能，就是老师给学生发通知。既然是发给学生的通知，那么最重要的是让学生收到通知、理解通知、执行通知。

有人会担心没有家长帮忙看通知、监督孩子落实通知，孩子肯定会出现遗漏。的确如此。她的女儿丸子有时候会忘记带餐费，有时候会忘记带美术用具或者口风琴，有时候还会忘记写一两项作业。

丸子有一次忘记带餐费，被老师说了之后就跑到学校保安室，给家长打了电话求送过去。之后她一看见餐费通知再也没有悠悠然去喝杯酸奶，而是立刻去准备钞票。

有一次，她忘记带美术用具，结果有好几个小朋友说可以和她一起用。这节课有同学借她笔，还有同学借她颜料和纸。她被"众筹"上了一节课，印象深刻。她回来跟妈妈说，以后一定要帮助其他小朋友，让他们也感受到友情的温暖。

还有一次，三川玲在上午九点突然收到英语老师的语音留言："丸子妈妈啊，你得管管孩子，连作业都没有做就来上学了！"

丸子放学回来，立刻坐到妈妈身边说："妈妈，我给你讲讲今天的事情。先不说我为什么没有写作业，先说我怎么处理的。我被老师骂了，赶紧在课间写了作业交上去，老师说我有几个小错误，我赶紧在第二个课间改正了又送过去，老师觉得我态度很好。我这个时候才告诉她为什么没有写作业——昨天布置的英语作业在黑板的最下面，我被前面的同学挡住了没有看见……"她最后还说："赵老师听完我的话，没有发脾气，微笑着摸了摸我的头。"

妈妈全程没有说一句话，她知道自己不必多嘴提醒女儿，就只是微笑着摸了摸丸子的头。

说到这里，我相信你也会同意，让孩子亲自去看通知并执行比家长看了通知督促孩子执行的效果要好得多。孩子做错了、做漏了，承受了被批评的结果，并吸取教训、自己改正，在这个过程当中他学到的东西也更多。

当家长放手时，孩子会犯错，这是再正常不过的事情了。但是家长要允许孩子犯错，鼓励他们从错误中学习，相信他们会在错误中成长。家长这样一步步放手，孩子也是这样一步步养成自主、独立、自律的终身品质。

其次，放手是爱和信任的结果，是家长完全信任孩子的表现。当家长信任孩子，就不会因为孩子一次没有完成作业就否定他努力的过程，也不会因为他某次考试没有发挥好而灰心失望。因为信任，每一次的错误都会为孩子的成长带来营养，而家长和孩子都会在这个过程中不断地积蓄勇气，变成更好的自己。

一开始提到的那位父亲，在经过家长课堂的学习后，他开始能心平气和地与孩子聊天了。在几次轻松的交谈之后，孩子告诉爸爸，他讨厌数理化，对回到重点中学继续学习毫无信心，他想学画画，未来想学习动漫设计。这位父亲尊重了孩子的决定，让孩子从重点中学转去了艺术学校，开始学习美术和设计，目标是考上中央美术学院的艺术设计系。看着"失而复得"、重新燃起希望的孩子，这位父亲和他的妻子的心中满是感慨。

如果说这世间所有的爱都是为了相聚，只有一种爱是为了分离，那就是父母对子女的爱。既然最终都要放手，那么你可以现在就尝试着停止说教，把手从孩子身上放开，带着爱和信任，去迎接他的独立与成长。

第六章

读懂青春期的孩子

对于青春期的孩子，父母们最困惑的一个问题就是："我的孩子怎么了？我的孩子曾经那么乖巧，为什么现在会变成这样？他会一直这样吗？"而青春期孩子最典型的烦恼是："我的爸妈能不能别那么烦，能不能管好自己，别老管我？"

青春期是人生的一个特殊阶段，同时也是必经阶段。我们出生时，无论是心理和生理都需要依赖成年人；而童年时期，父母是我们最崇拜的、最无所不能的英雄。随着生理和心理的逐步发育成熟，进入青春期的孩子开始面临人生的重要任务：摆脱对父母的依赖，完成个性化，成为一个"独立的人"。

最初的个性化是反抗父母，做与父母期望相反的事儿，这是最简单、最自然的表现自己不同的方式。这样的"逆反"是由青春期孩子的心理特征决定的，是他们为了完成个性化任务的行为表现。家长如果不了解这一点，就会陷入焦虑、不满和愤怒的情绪中，认为孩子在和自己对着干，这样双方就很容易陷入权力斗争、报复、自暴自弃的错误目标循环，造成亲子关系恶化，距离越拉越大。

青春期孩子带来的那些挑战，和他们的个性化任务息息相关。他们在用尽全力斩断对父母的依赖，使自己成长为拥有独立人格的、成熟的人。所以，如果你家的十几岁的孩子开始叛逆了，恭喜你，这是青春期的正常反应。反之，如果十几岁还没过完青春期，他们会在人生的其他阶段继续自己的个性化和叛逆的过程。那些青春期不叛逆的孩子，会成为不惜一切代价寻求别人赞同的人；他们害怕承担风险，对自己缺乏认同。而当青春期平稳过渡之后，孩子们会在二十四岁左右重归家庭的价值观。

因此，青春期孩子的父母要做的：一是与孩子建立好连接，给予心理建设和支持；二是要避免控制和说教，闭上嘴，后退一步，带着爱和信任，放手让他们走向独立与成长。

在这一章中，我们会学习和了解青春期孩子的心理需求、个性化发展的七项任务带来的行为表现、青春期孩子的典型挑战，以及家长如何与青春期孩子建立连接、提供心理建设和支持，和孩子一起顺利走过青春期。

青春期孩子常见问题及应对（上）

青春期孩子易怒、爱打架、早恋、疏远父母，家长应该怎么办？首先我们一起来了解他们的心理特点。

个体心理学中关于青春期孩子的研究认为，青春期的孩子有七大心理需求，或者说是阶段性发展的七个任务，表现出来就像是青春期孩子的七大问题。家长要打开青春期孩子的心扉，必须了解这个阶段孩子的七个心理特点。

青春期孩子的第一个心理特点是，需要弄清楚自己是谁。表现出来的"问题"就是各种奇怪的装扮和奇特的爱好。

米尔顿·艾瑞克森的社会心理发展理论认为，青春期是孩子成年前将婴儿期、幼儿期、儿童期获得的所有能力和品格进行整合的一个关键时期，这个时期的主要任务就是完成自我角色认同，也就是找到"我是谁"的答案。如果这个时期不能顺利度过，就会形成角色混乱，造成孩子不知道如何让自己的行为符合各种角色的社

会认同。十几岁的奇哥就是这样。奇哥从初二开始，就特别关注外面的世界：有人出国了、有人恋爱了、有人穿名牌、有人给老师塞红包、有人备受瞩目、有人默默无闻……他在初中阶段的情绪特别复杂，经历着种种兴奋、紧张、困惑、失落、嫉妒、愤怒、委屈、不甘……相信有无数的问题在他的脑中不断浮现：我是什么样的人？别人怎么看我？我的外形好不好看？怎么让别人注意到我？

从初三开始，奇哥开始迷上染发，把头发染成了金黄色。然而，不断新长出来的黑发会很突兀，于是奇哥几乎每个月都得上发廊染一回，这让奇哥的妈妈很抓狂也很无奈。除此之外，奇哥也喜欢奇装异服，尝试去网吧和 KTV 体验"不同的生活方式"，回避父母的建议，甚至鄙视父母的胆小、保守、谦卑，希望自己能成为同伴眼中的英雄……

奇哥所有的这些行为都很正常，这是青春期孩子探索与寻找自己的角色定位的过程。如果父母不能了解及接纳这一点，总是阻止或限制青春期的孩子自我探索，严重的会带来什么结果呢？

被阻止或限制了青春期自我探索的孩子会有两种结果。一种是会过度依赖和退缩，在父母的安排下考上大学、参加工作、结婚生子，但在成年后的某个时间点突然感到空虚、不知道自己活着是为了什么，这在 80 后和 90 后人群中尤为明显。单从大学里出现厌学、自杀，或伤人事件的统计数据来看，大学生出现心理问题的比例正在逐年上升。

而另一种结果正相反。孩子的探索意愿被父母强行压制，造成极强的叛逆和报复行为，轻者喜欢大发脾气或者背着父母做不让做的事情，重者拒绝上学，甚至绝食、自残。

因此，面对青春期的孩子，你不如让他去探索和体会自己的角色定位，哪怕做一点出格的事情也不要紧，比如留长发、参加歌唱选秀比赛等。要知道，青春期孩子的大部分尝试，都不会成为他们成年后的行为模式，这也是被科学统计证实了的。

比如奇哥，现在已经上高二了，他的发型又变回了黑发和寸头，不再坚持他曾一度沉迷的黄金长发。

青春期孩子的第二个心理特点是，需要面对巨大的生理和心理变化。表现出来的"问题"就是特别容易情绪化、早恋、关注异性、疯狂追星等。

奇哥的妈妈告诉我们，奇哥从六年级开始还有一个很明显的变化，就是整个人变得像火药桶一样，特别容易和同学起冲突，每个星期可能都会有两三次，而起因可能都是一些很小的事情。青春期的孩子是校园暴力事件的高发人群，他们的情绪很容易高涨，就像个炮仗一点就爆。还有一个更形象的比喻说，青春期孩子的情绪就像没有刹车的高速赛车，所以如果孩子在低龄时期就爱发脾气，在这个阶段他将会更加暴脾气，因为这是荷尔蒙大爆发的时期。

如果你的孩子在这个时期爱打架，也不要太焦虑，这可能只是一个阶段性的问题。

当然，如果父母没有接纳、疏导情绪的方法，常常以批评、指责等方式堵住青春期孩子的情绪，他们就更容易急躁、出现暴力行为。我们以前学过的处理孩子情绪的工具和方法，如愤怒与"3A原则"、积极暂停、反射式倾听等，对青春期的孩子其实都是适用的。

另外，第二性征在青春期开始出现，孩子身体内部的内分泌也在悄悄地发生着变化。他们的体内开始涌动着一种陌生的、刺激的、却又难以控制的能量，这就是性冲动。伴随着这种生理上的变化，他们会产生更起伏多变的情绪，体会更复杂、强烈的情感，尤其是男女间的好感。

奇哥的妈妈跟我说，上高一时，奇哥曾经跟一个女孩子走得比较近，经常一起讨论学习。渐渐地，同学们开始在背后议论，说他们在谈恋爱。有一次，某个男生当着很多同学和老师的面打趣说"你女朋友怎么没来"，奇哥听到后脸刷地红了，再也不敢跟这个女同学说话了，而且过了很久都不敢再跟任何女孩子说话。

很多青春期的孩子因为缺乏合理的引导，对自己身体和情感的冲动感到羞耻、害怕，对无法控制自己的身体又感到内疚、愤怒，这更给本就脆弱的孩子加重了心理负担，严重的甚至会影响成年后的生活。

幸亏奇哥的妈妈专门学习过家长课程。她接纳了孩子的早恋，懂得用共情和积极倾听的方式处理奇哥的种种困扰，帮助奇哥顺利地走出了那段特殊的情感时期。其实，家长在应对青春期孩子的问题时，说容易也容易，就是学会共情和积极倾听，并且坚持下去就足够了。

青春期孩子的第三个心理特点是，需要获得同伴的认同，与同龄人的关系优于家庭关系。表现出来的"问题"就是，似乎有点"六亲不认"、疏离父母、不愿父母接送上学、不愿出席家庭聚会等。

孩子与同龄人的关系才是发展社交能力的一个重要阵地。家长们要意识到，随着孩子长大，他们将会离我们越来越远，开始建立起自己稳定的社交网络。这时候获得同伴的认同，决定了他们在自己的社交网络中的价值感与归属感。

所以，如果你听到孩子跟自己说"我不想参加家庭聚餐，因为约了朋友一起去看电影"，请一点儿都不要惊讶，也不要跟孩子说"你怎么这么不孝顺"之类的话。

青春期的孩子不仅仅会更优先考虑伙伴关系，甚至还可能把父母当成他们的尴尬。

奇哥的妈妈就告诉过我一件趣事。上初一的时候，她去接放学的奇哥，他偶尔还会挽着她的手一起走。但有一天，奇哥本来还挽着她的手，突然间就甩开了，还叫她赶快先走，刻意和她保持一大段的距离。她心中也是有数的，而且这时后面走来了一位奇哥的小伙伴和他的妈妈。就这样，两个小伙伴都分别赶走了妈妈，刻意和妈妈们一前一后离开学校。估计走了有两条街的距离，和小伙伴分手以后，奇哥才追上来重新挽着她的手臂。

青春期的孩子就是这样。他们很抗拒在同学面前显示出"妈宝"的形象，对小伙伴的评价非常在意。如果同学给予他们的评价是负面的，他们的心情会非常低落；如果评价是正面积极的话，他们就会很受鼓舞。

另外，青春期的孩子也会常常和好朋友翻脸、感到被背叛、被拒绝，特别是女孩子。虽然她们心灵上的伤害是真实而强烈的，但是她们又不希望家长过问。如果她们愿意说，你就听。她们需要的是共情与理解，特别反感建议和评判。当她们的情绪平复后，你就要及时安静并走开。青春期孩子对父母最期待的状态就是：召之即来，来之能听，挥之即走。

还有一个妈妈，有一天，她忽然惊慌失措地打电话给我，说是前一天在她刚上初一的儿子的抽屉里发现了一些不雅的图片，本想立即询问儿子，但还是忍住了，想先询问一下我的意见。她说："一直以为儿子很单纯，什么都不懂，现在怎么办？"很多有类似经历的妈妈都问过我同样的问题。

我告诉她不必惊慌，这个年龄段的孩子开始对与性相关的内容感兴趣，这是非常正常的一件事情，但是需要家长给予必要的引导。我建议她看一下胡萍老师的《善解童贞》，找时间和孩子聊一次，告诉孩子对这些内容感兴趣很正常、哪些内容不应该看、怎样保护自己和尊重他人，并提出任何时候都可以和爸爸妈妈聊这个事的建议。后来，这位妈妈告诉我，幸亏当时没有上纲上线地批评、羞辱孩子，因为事实果然没有她当初想的那么严重。

青春期孩子的第四个心理特点是，对尊重个人隐私的强烈需求。青春期的孩子开始深刻地觉察到自己身体和空间的界限，极度渴求个人隐私被尊重，其实这也是十几岁的孩子走向独立的重要标志。

也许你还没有准备好接受孩子不再对自己无话不说；也许你担心孩子做了什么错事，于是你很想偷偷翻看孩子的日记，检查床铺、衣柜和抽屉……

想一想我们自己十几岁的时候，有没有不希望父母知道而刻意隐瞒的事情？

我在课堂上听到很多青春期孩子是如何反锁房门，拒绝父母走进房间，坚决不让父母碰自己的东西，拒绝沟通之类的案例。父母们也上演着如何拆掉门锁、破解密码等反封锁行动。

青春期的小薇曾经用自残的方式和父母抗争过她的隐私权。小薇比较早熟，六年级已经有了暗恋对象，并在日记里记录。可是一不小心，日记被身为教导主任的爸爸看到了。他立即对小薇进行了批评教育，并勒令她把心思放回学习上。小薇既羞愧又生气，但是情感是控制不住的，她就和闺密倾诉。没想到的是，妈妈居然三番四次地破解她的手机和QQ密码，偷看她和同学的聊天记录。小薇终于忍无可忍，采取了自残的方式来抗争，以获得自己的隐私权，幸亏最终没有危及性命。小薇的妈妈也因此吓得辞了工作，陪伴了小薇一年，以防她再做傻事。

如果你不希望毁掉与孩子的亲子关系，就千万不要窥探青春期孩子的隐私，即使无意发现了什么，也要装作不知道。当然，这是青春期孩子的父母最艰难的任务。

实践案例精选

妈妈数分钟胜过爸爸几小时，初一孩子敞开心扉

我家的儿子刚上初一。他对友谊的渴望、对异性同学感兴趣，以及对同学评价的在意，都能从他时而高兴快乐、神采飞扬、谈笑风生，时而意志消沉、眼神黯然、挥拳砸墙的举止神态中流露出来。

我们是看在眼里急在心里，不敢问也不敢骂。于是我们偷看他的QQ，发现他向一个女孩子表白，没多久又向另一个女孩表白，语言直白坦率，即使被拒绝了也很坦然地接受。

我和他爸爸感到好笑又可气。后来，当我们发现他的同学都在嘲笑他被两个女孩子拒绝，我这才知道同学的评论让他压力很大。他爸爸找他谈心，教育他要交什么样的朋友，要怎样跟女同学相处，可他在这过程中始终眉头紧锁。

几周前的一天早上，爸爸又坐在孩子床边大发言论，说要珍惜时间，不要虚度光阴，短短初中三年很快就过去，要抓紧时间努力学习等，反反复复讲了一个多小时。中午我回去时发现孩子的心情特别不好，有抵触情绪。我问他怎么了，他说："爸爸总是说让我珍惜时间，几句话讲了一个多小时，他是在浪费我的时间。我都已经明白了，他还要说个不停。"搁在平时，我真是要站在他爸爸那边替爸爸说话，但这回我想试一试，运用一下新学到的方法。

我问："你觉得怎么样呢？"

儿子说："爸爸的话是对的，我都能接受，但他能不能不要说那么长时间啊？"

我说："我很理解，以后可以和爸爸说明你已经听明白了。"

儿子说："说了他还是要讲啊，根本就不相信我。"

我说："你觉得爸爸不相信你，所以很烦，还有点生气。"

儿子说："是啊，他根本不理解我，他说我跟女同学交朋友就是浪费时间，我

们本来就是正常的同学交往嘛。"

"嗯，"我沉思一下，还是决定把讲道理的话咽回去，说："妈妈相信你会处理好学习和交友的关系。除了这个，还有其他事情让你心烦的吗？"

他想了想，说："我觉得我自己能处理，你们就别管了。"

我想他指的是同学笑话他的事情。看到他一脸坚定的样子，我决定相信他，说："好，如果你需要，我和爸爸都会很愿意提供帮助。"

这时候看到他渐渐话多了起来，气也顺了，心结似乎已经打开了。我知道后来偶尔还有同学跟他提起这件事，但是他已经可以淡然处之了。

但如果刚才的对话是这样的，结果可能截然不同：

"爸爸很担心你，你要理解爸爸啊。"（孩子可能什么都不愿意说）

或者中间忍不住又开始教育：

"我和那个女孩是正常交往。"

"嗯，我相信你们是正常交往，但是还是要以学习为重。"（孩子又闭嘴了）

或者开始八卦：

"我和那个女孩是正常交往。"

"哦，那个女孩叫什么名字？爸妈是做什么的？她学习成绩怎么样？"（孩子可能会更生气）

我庆幸自己在那个当下做到了真正倾听孩子的感受和想法，没有任何评判、指责或者讲道理，让他感受到我是尊重他、信任他的。当我们发自内心地相信他可以自己处理，他就真的可以做到。

青春期孩子常见问题及应对（下）

青春期孩子拒绝沟通、沉迷游戏、爱逞能，家长又该怎么办？

上一节，我们分析了青春期孩子的前四个心理特点：需要弄清楚自己是谁、需要面对生理和心理的巨大变化、需要获得同伴的认同和对尊重个人隐私的强烈需求。

下面，我们来看这个案例。

有一位妈妈，她女儿小莹十四岁了，上初二。小莹妈妈告诉我，女儿上初中后，与她的关系变得越来越疏离。有时候她甚至有被女儿"嫌弃"的感觉，觉得女儿看她的眼神充满了鄙视和嫌恶，这使她非常受伤。

大多数与青春期孩子关系疏离的爸爸／妈妈都会这样说："他小时候不是这样的，那时天天黏着我。"这就是青春期孩子的第五个心理特点，精神上渴望彻底独立、和父母分离。表现出来的"问题"就是：他们总想避开父母，认为父母会成为他们的尴尬。

对于父母来说，这样的情况的确让人伤心。然而，青春期孩子疏离父母的行为，是很正常也很有必要的，他们因此会获得一些心理优越感，这有助于他们抵御青春期阶段关于自我认知和个性化整合的过程中产生的一些心理困扰。父母能做的就是带着爱放手，给他们足够的空间和时间。放心，过渡好了，孩子就会回来的。

小莹妈妈在家长课堂学习后，每天都给小莹写鼓励字条，并贴在小莹的衣柜门上。一开始的几天里，小莹并没有给出任何反应。大概是在一个星期之后，小莹突然跟她说："妈，你今天的日期写错了。"小莹妈妈大喜，孩子表面上什么都没说，原来是很留意的，一直都有看她写的字条还喜欢看。

青春期的孩子既想疏离父母，但内心也仍渴求被爱。父母此时需要做的是，克服自己的恐惧和难过，不管孩子怎么做、有没有反应，依然要确保把爱的信息传递给孩子。父母可以使用的正面管教工具是：请求孩子给你拥抱、表达爱、多鼓励少表扬和特殊时光。比如可以多跟孩子说这些话，说不出口就写在鼓励字条里：

"孩子，爸爸 / 妈妈很爱你！你比你的成绩更重要。"

"有你真好，真感谢你能做我的孩子！"

"无论怎样，爸爸 / 妈妈都支持你！"

"爸爸 / 妈妈就是喜欢你这样的孩子！你是独一无二的！"

"无论发生了什么事，爸爸 / 妈妈都一样爱你！"

"只要你需要，爸爸 / 妈妈都愿意陪伴你！"

青春期孩子的第六个心理特点，以及延伸出来的问题也是父母们最头疼的，就是会积极探索并运用自己的力量。

小凯的故事会让你对青春期孩子探索力量的方式啼笑皆非。

小凯上初中的时候非常沉迷手游，经常和妈妈发生剧烈的冲突。那段时间，小凯每天沉迷手游的时间长达五六个小时。小凯妈妈用了断网线、限制时间、奖励惩罚等各种方法，全都不管用。这时小凯妈妈想到了最后一招：没收手机。后来小凯妈妈惊讶地发现，这招居然也不管用了。明明已经没收了手机，怎么看见小凯还在偷偷地玩？原来小凯交上来的居然是一个一模一样的手机模型，真机被他自己藏起来以便继续玩。这真是让小凯妈妈哭笑不得。

小凯妈妈说，那次她果断地把孩子的真手机也没收了。由于晚上睡觉怕小凯找出来，她就把手机放到自己的枕头下面，枕着睡觉。小凯妈妈心想这下小凯应该没招了，结果睡到半夜的时候，她突然被惊醒了。她发现小凯三更半夜偷偷摸摸地进了她房间，正准备摸枕头拿手机。小凯妈妈说，本来工作就很繁忙，这种斗智斗勇的相处方式真是令她身心俱疲。小凯妈妈甚至一度感到很绝望，她跟小凯的关系也因此变得越来越紧张。

疲惫不堪的小凯妈妈觉得，这种控制的手段是没有办法解决孩子的问题的，长此以往也不是办法，于是她选择了走进家长课堂。在课堂上，小凯妈妈认识到，沉迷电子游戏的孩子都是极度缺乏归属感和价值感的，因此要解决游戏成瘾的问题，关键是要让小凯获取足够的归属感和价值感。为此，小凯妈妈积极发掘小凯感兴趣的事情，并鼓励他去做。

小凯妈妈发现小凯对唱歌比较感兴趣，以前她会反对他去唱卡拉 OK，但现在她会和小凯一起去，并让小凯邀请他的朋友们一起来唱个痛快。如果孩子们同意的话，就再邀上一两位爸妈一同前去，主要是给孩子们表达鼓励和欣赏。

小凯妈妈还发现小凯对做饭感兴趣，于是她就教他做饭，和他一起上网挑选和配置专业的厨具。就这样，小凯对做饭越来越有兴趣，而且练习到能像大厨一样颠锅。小凯妈妈一直在旁边鼓励他，偶尔还邀请小凯的朋友来家里吃饭。小凯的颠锅技术和厨艺征服了他的朋友，小凯觉得非常自豪……就是这一件一件的事情，帮助小凯逐渐在小伙伴面前收获更多的自信，也明显变得更加自律。现在的小凯依然很喜欢玩电子游戏，但是对比之前的每天五六个小时，已经减少到两三个小时了。小凯妈妈说，哪怕能把孩子从电子游戏当中抽出一个小时来，都是非常值得的。

小凯的故事告诉我们，青春期孩子心底的信念常常都是"我要说了算""我能掌控一切"，或者证明"没有人能管住我时，我才有归属感，你们别想制服我"，所以解决青春期孩子的权力斗争问题，宜疏不宜堵。

青春期孩子的第七个心理特点是，认为自己全能、无所不知，表现出来的"问题"就是他们会有很多不切实际的想法和冒险冲动。

比如说，青春期的奇哥就曾试图用乔布斯和比尔·盖茨的故事来说服父母支持他放弃高考，全力准备 AI 编程大赛，希望获得名次后直接申请美国的大学。奇哥的妈妈多方打听后觉得这条路风险太大，很难跟奇哥达成一致。奇哥却认为自己没问题，非常坚持。当时奇哥的妈妈愁得白头发都出来了，幸亏奇哥的一个朋友进行了劝说，让他自己放弃了这个想法。

青春期的孩子往往会认为自己是全能的，正因为如此，一旦遇到挫折，比如说考试排名落后了，他们就会容易表现出深深的无力感。受生理变化和情绪波动的影响，青春期孩子常常在无力感和全能感之间徘徊，而他们也正是在不停地探索着自己力量的边界中，学会知其可为，也知其不可为。

至此，我们一起了解了青春期孩子的七大心理需求，以及因此可能出现的问题及应对方式。如果用一个词来概括青春期孩子的心理需求，那就是个性化，这是孩子成为独立个体、具备独立人格的必经阶段。

实践案例精选

我会一直陪着你

快期末考试了，安安每天都有很多的功课要做：数学卷子、英语单词、语文阅读，还有各种复习资料。一项接着一项，让她觉得又累又烦躁。

这一天，我们听写完语文词组，我发现她错了好几个，便一时忍不住数落她："你的字词基础这么弱，以后写作文很吃亏的。现在的语文学习特别重要，你要为以后打好基础才行！"

安安嘟着嘴，来了一句："我都不想活到以后！"说完她的眼圈蓦地红了。

我的心微微一沉，放下了手上的语文课本。我看着她的眼睛，温和地说："安安，期末考试让你担心又紧张，你想好好复习考个好成绩，但每天这么多的功课又让你觉得好累好辛苦，对吗？"

安安点点头，嘴巴委屈地噘了起来。

我接着问："妈妈听你说，你都不想活到以后，妈妈很好奇，你说的这个'以后'是多少岁呀？"

安安认真地想了想，说："嗯……三十岁吧。"

我恍然道："哦，三十岁呀。你知道吗？妈妈像你这么大的时候，不，比你要再小一点，差不多八九岁的时候，也觉得活到三十岁就足够了。时间过得那么慢，我才八岁，三十岁还要过很多年，得好久好久，太辛苦啦。所以呢，那时候妈妈和你的想法一样，只要活到三十岁就好了。"

安安抬起眼睛好奇地问："那然后呢？"

"然后啊，妈妈十四岁左右的时候，觉得可以再活久一点，但是也只要活到四十岁就可以了。四十岁的女人已经没有青春活力，没有男孩子喜欢，要照顾孩子，做家务，还要天天上班，太累了！所以，活到四十岁就足够了，不能再活了！"

安安笑了起来，继续追问："那然后呢？然后呢？"

我边回忆边说："然后，妈妈就大学毕业，工作了。那时妈妈刚二十岁出头，青春美丽，看到公司里超过四十岁的女同事，会悄悄地叫她们'老女人'。那时候妈妈很担心自己四十岁以后青春不再、变老变丑的样子，不过会希望自己能活得久一些，才对得起这么美好的生命。"

"然后呢，然后呢？"安安的眼睛闪闪发亮，继续追问。

我微笑着，慢悠悠地说："再然后，一转眼的时间，妈妈就超过四十岁了。你看，妈妈就是现在坐在你面前的样子，一个超过四十岁的女人，既不老也不丑。妈妈经常觉得，自己的心里还住着一个二十岁的女孩，有时候则是住着一个十四岁的女孩，有时候住着一个八岁的孩子，有时候呢，又住着一个六十岁的老人。"

安安有点迷惑："妈妈，那你现在希望活到几岁呀？"

"妈妈现在希望自己活到越老越好，希望能一直陪着你，看着你慢慢长大，看着你有自己喜欢的工作，有自己向往的生活，有自己的家庭。妈妈想要一直一直陪着你，看着你成为一个幸福快乐的妈妈。然后等你的女儿十一岁的时候，她也可能会对你说'妈妈，我都不想活到以后'，那妈妈就会笑眯眯地在旁边看你怎么回答她。"

"我会跟她说，我以前也是这么想的！"安安边笑边拿起了语文书，让我继续帮她听写下一单元的生词。

那一天，安安顺利地完成了所有的学习任务，安然而愉悦。

在我写这篇文章时，安安正在旁边看书，我问她："安安，如果别的十一岁的孩子告诉妈妈她不想活到以后，你觉得那个妈妈会怎么说呀？"

安安说："她肯定会很生气，会说'我辛辛苦苦把你养大成人，希望你能成为有用之才，你竟然不想活到以后'这种话。"

我忍不住大笑："安安，你学得太像了。那你觉得这个孩子听到妈妈这样讲，她又有什么感受呢？"

　　安安哼了一声，说："那她就更不想活到以后了！"

　　十一岁的安安也即将踏入青春期，但我从不担心安安会因此向父母关闭心门。因为我相信，当我们之间的沟通建立在平等尊重的基础之上，当我能够看见和接纳她所有的感受和想法，当我能够站在她的角度去考虑问题并诚实地表达我自己，当我能带着爱陪伴的同时带着信任放手，那我们就不仅仅是母女关系，更是朋友关系了。这样的关系，会为她顺利度过青春期和走向独立与成长打下坚实的心理基础；这样的关系，会源源不断地为我们注入"哪怕心怀畏惧，依然奋勇前行"的力量和勇气。

为什么说大自然是孩子成长的刚需

大自然是一位神奇的治疗师。唯有到了大自然中，孩子才可以本能地绽放天性、释放情绪。

现在给大家讲一个神奇的故事，一个被大自然治愈了莫名头晕的小姑娘的故事。首先，我给大家描述两个场景。

场景一：念三年级的小慈刚刚开学，一个星期天的晚饭后，她苦闷地坐到餐桌前，开始准备写作文。突然，她大哭起来，跟妈妈说："妈妈，我想在地上打滚！"

这已经不是小慈第一次因为写作文哭闹了。已经上过家长课堂的小慈妈妈淡定中也有些无奈，她看着小慈攥紧的拳头，轻轻地说："如果这样可以让你感觉好点，你就在地上打滚吧。"

小慈顺势倒在地板上，一边打滚一边大哭，一遍遍地重复着说："作文我写不出来，我不知道怎么写！"看着孩子这般痛苦，小慈妈妈感到很无助和无奈。

场景二：小慈告诉妈妈："妈妈，我每天中午和晚上睡觉的时候都会头晕，感

觉天旋地转。我睡不着，我睡不着，我
睡不着！"临睡前小慈常常痛哭流涕，
不断地向妈妈哭诉。

小慈妈妈带她去了很多家医院做了
很多检查，但仍然检查不出任何疾病。
医生说，这么小的孩子会出现这样的情
况，可能是因为情绪紧张、压力太大导
致的。

你可能会认为小慈是一个难搞的孩子，可恰恰相反，小慈是一个爱学习、成绩
不错的乖孩子。她不喜欢运动，特别宅，特别爱看书，曾经一个月内就读完了全套
的《哈利·波特》。

小慈妈妈查了很多资料，最后选择把小慈带到大自然中去疗愈。妈妈帮助小慈
减少了阅读量，和她一起报名参加了一个"爱自然虫虫小分队"的周末课程，每个
周末都到山上、河边、公园观察昆虫。一方面让小慈亲近大自然，另一方面也增加
了小慈的户外运动量。

大概坚持了一个多学期，小慈头晕的情况开始减少，人也比以前开朗阳光很多。

有不少的孩子像小慈一样，生活在防盗门窗里，也生活在电视、电子游戏、书
籍、电脑等营造的"虚拟空间"里。他们和大自然几乎完全隔离，从家到学校，再
从学校到家，在一个个"格子"里生活，导致了"自然缺失症"的出现。

越来越多的教育研究者发现，远离大自然的孩子在社交能力上会出现一定程度
的退化，他们更容易被各种电子设备牵着走，注意力也更难集中。另外，由于缺少
对自然万物的学习，这些孩子容易缺乏好奇心和求知欲，创造力也不强，甚至缺乏
爱的能力。

"自然教育"的理念最早是由法国的思想家卢梭提出来的。他认为大自然是孩子最好的老师，孩子真善美的天性在原生态的大自然中才能得到最大程度的激发。

新东方的创始人俞敏洪先生就特别注重孩子的自然教育。他说，在他的带领和陪伴下，女儿和儿子特别喜欢大自然。大自然的课堂令他的两个儿女胸怀更博大，对世界、对生命更热爱。

有一次，他带着儿子和女儿去海边。当时正好是农历十五的晚上，月亮从海上慢慢升起来，他们全家就坐在沙滩上看着月亮一点点地升起。海浪推着月光一直在他们身边浮动，有一种"海上明月共潮生"的感觉，非常的美好。

他们大概看了一个半小时，天气慢慢变凉了。他对两个孩子说："有点儿凉了，咱们回去吧。"女儿说："我不想回去，我要看月亮升到我头顶上。"他就陪着她坐了三个小时。他女儿从来没有这样一动不动地坐这么久，所以他知道这种美景对她的心灵肯定是有触动的。

在回去的路上，女儿对他说："我发现世界是一体的。"他就问她这话是什么意思，女儿答道："你没发现吗？大海、月亮和人并没有分开。"女儿的话让他意识到，她对自然有了新的体验和发现。

俞先生说，想要孩子拥有欣赏美好的能力和拥有诗意、雅致的生活能力，最好的来源就是大自然。在孩子的一生中，客观环境会不断地变化，然而他们能够改变的客观环境却很有限，只有心境是自始至终都属于他们自己的东西。父母帮助孩子构建一个美好的心境，有助于他们去超脱世俗的困扰和羁绊，达到一种更高的生命境界，使生活变得雅致、丰盈。

中国有句古话"一方水土养一方人"。在与咆哮的黄河为伴的大西北，或是在浩瀚无边的大草原，又或是在绵绵细雨的江南，生活在这些地方的孩子的性格可能很不一样，因为在每一种大自然的形态下都有不一样的能量场。至今，我仍清晰地记得，两个五岁多的儿子站在都江堰边上感受着奔腾而下的壮观河流以及边上巍峨的山川时一脸肃穆的样子。我知道，亲近自然也敬畏自然，这正是他们人生应该有的态度。但是，这样的道理说一百遍不如带他们到大自然中亲自感受一回来得有效，而敬天爱人的思想品格也在他们感悟大自然的时候潜移默化地植入心田中。

大自然除了能帮助孩子激发真善美的品格外，她还是一位神奇的治疗师。城市密集的人口、钢筋水泥铸成的冰冷高楼、升学的重压等，很容易导致孩子情绪失衡。唯有到了大自然中，孩子才可以本能地绽放天性、释放情绪。

有一位妈妈的儿子由于患有轻度自闭症，没法在正常的小学环境中上学。于是这位妈妈就带着他，隔三岔五地游走在大自然中，或徒步、或戏水、或爬山。孩子现在的状况也越来越好。一开始他还无法与人进行眼神交流，但现在他已经可以和我们有基本的语言沟通。取得这个进步的原因，除了这位妈妈努力学习和运用各种正确的教养方法之外，大自然的作用功不可没。

如果家长能够给孩子安排一些在原生态大自然中进行的活动，如攀岩、坡降、骑行等，一旦孩子克服了各种挑战，他们就会特别地兴奋开心，激发信心和勇气。孩子只要能投入到大自然的各种能量场中，甚至什么都不需要做，身心就开始得到滋养和抚慰。可以毫不夸张地说，孩子身心的健康与快乐，与大自然有着直接的关联。

自然教育在形式上可以是多样的，除了亲赴大自然中感受外，家长也可以把大自然的一部分带到孩子身边，比如在家里种植物、养蝌蚪等，让孩子观察生命的成长和变化。当弱小的生命遇上比自己更弱小的生命，自然而然就会激起孩子的爱心。他们不仅会懂得爱护生命、照顾弱小，还可以培养起珍惜生命、包容博爱的品质。

总之，大自然就是一部真实生动的百科全书、一所全能的学校，她蕴藏着巨大的能量和教育财富，能够为孩子们的学习提供取之不竭的源泉和素材。世界上再也没有比大自然更好的老师了，她将万事万物多姿多彩地展现在我们面前，吸引孩子们去感受、去触摸、去品尝、去聆听、去体验。

带着孩子投身到大自然中去吧。如果孩子离大自然太远、太久，他们的生命将会因得不到滋养而变得干涸、苍白和无力。

实践案例精选

儿子主动远离手机

最近儿子沉迷电子游戏，我也与他有过交流，他说如果有其他有趣的活动的话，他是可以离开电子游戏的。所以，我决定让儿子更多地接触大自然，以拓宽他的视野，让他感受到真实的世界其实很丰富、很美妙。

我为儿子安排了一次夏令营。第一天的溯溪活动让我们这一群来自城市的大朋友和小朋友领略了雨后山涧溪水的魅力。从山上冲下来的溪水和我们平时看到的温和的溪水可不一样，冰凉得有些刺骨，泡在水里两三分钟就要上来暖暖脚。此外，儿子还有一个细心的发现：清透冰凉的溪水居然还有点甜哦。

第二天的活动给我的收获比较大。在大理有一群特别的人，他们按照自己的想法生活在大理。其中有一位祖籍是广东的音乐人，他在大理生活了八年，有自己的工作室和乐队，还用大自然的材料亲手制作出各种有趣动听但不知名的乐器，将大自然的声音还原出来呈现给大家。这和电子合成的音乐有着完全不同的听觉体验。在大理有非常多像这位音乐人一样的人，甚至还有来自其他国家的有着同样想法但不同目标的异国友人，他们也都以各自的方式与大自然一起生活在这里。

这让生活在忙碌的城市的我们顿时心生敬意。这些可爱的人们让我们发现，其实世界很大，孩子的未来有很多的可能性，我们做家长的可能不需要抱有太多的焦虑。

接下来两天的活动对儿子来说非常有意义，一个是攀岩，另一个是骑行。这两个活动安排在左依苍山右靠洱海的绝美地方。我们在享受着运动乐趣的同时还能欣赏大自然美妙的景色，可谓一举两得。先说攀岩，好动要强的儿子给自己设定了要登顶的目标，可是他登到了三分之二的地方就不能继续完成了。事后儿子和我分享说自己不满意这样的结果，但也学到了攀岩的方法。无论怎样，这都是孩子自己独有的体验。任何体验都是不会浪费的，没有得到就是学到，只有真实的体验才能丰富孩子的人生。

再说骑行，骑行是儿子的强项，全程约16公里的路程全部由他独立完成。有一段全部是下坡路，我当时紧跟在儿子后面，不知道速度有多快，只知道使劲了还追不上，风嗖嗖地在耳边吹过。我真为儿子捏把汗，但儿子也享受到了速度带来的快感和满满的自信。

七天的夏令营结束后，儿子决定，为了眼睛的健康，把每天看电子屏幕的时间限制在一个半小时之内，并且还找到不少打发无聊时间的新法子。这样别开生面的夏令营令我这个爱玩的妈妈和生命力超旺盛的儿子都很满足，所以在回程的路上，儿子就已经开始讨论冬天去寒冷的地方滑雪了。大自然，果然是一名好老师！

第七章

怎样做个放手又放心的家长

还记得初为父母时,你从医生手中小心翼翼地接过那个香香软软的小身体时的感觉吗?你是不是希望,甚至暗暗发誓,要成为最好的父母,将孩子培养成栋梁之才?随着孩子一天天长大,你的担心是不是也越来越多:担心他不好好吃饭会不会长不高,担心他不好好写作业会不会考不上重点学校,担心他不愿意和家长沟通,担心他会不会交了坏朋友,担心他考不上好大学这一辈子是不是就毁了……这样的担忧,有没有让你如履薄冰、战战兢兢?

随着时代更迭,社会环境不断地发生日新月异的变化,可父母们对孩子的期待或担忧却没什么不同,养育方式也并没有发生本质性的改变。父母们容易把孩子一直当"孩子",习惯性地保护或控制他们,希望他们听话、懂事、按照父母认为对的模式生活。如果向意识深处挖掘,无论是过分控制还是过度保护,大多都源自于父母本身的恐惧,害怕由于自己养育方式的失误带给孩子伤害。同时,过度保护或过分控制带来的长期后果,要么使得孩子产生依赖,认为父母就应该承担让自己幸福的责任,要么造成孩子积极或消极反抗,带来权力之争、报复或自暴自弃。

阿尔弗雷德·阿德勒的个体心理学又被称为勇气心理学。所谓勇气,就是"哪怕心怀畏惧,依然奋勇前行"的力量和能力。以阿德勒理论为基础的正面管教,每一个工具和理念都在关注如何给予孩子勇气、从内在激发孩子的力量、让孩子感受到归属和连接、认可自己的重要性和价值感、敢于并且能够去应对和处理生活中的种种问题。

作为新生代的父母，激发孩子勇气的前提是自己首先要具备信任孩子、尊重孩子的勇气；信任孩子作为一个独立的个体，有自己独特的人生并有能过好这一生的能力；从手把手教授孩子技能，逐渐过渡到放手让孩子独立成长。这是孩子积累勇气并走向独立的过程，也是父母积累勇气和自我成长的过程。

在这一章，我们会通过探讨几个容易让父母迷惑、不知如何放手的问题，帮助父母们用更有智慧的方式，带着信任放心，带着爱放手。

零花钱怎么给，对孩子的成长帮助最大

零花钱是教育孩子金钱观念和责任意识非常好的载体，而理财也是家长必须传授给孩子的必要的社会生存技能。

电视剧《家有儿女》中，怎么给孩子们分配零花钱，一直是夏家夫妇头疼的事。这一天，夏东海终于想出了一个绝妙的主意：孩子们每干一件家务活，就会得到一张家务卡，从月初开始计算，到月末凭卡领取他们的零花钱；谁的家务卡越多，谁的零花钱也越多。

于是，家里出现了这样的景象，刘星在飞快地拖地，小雪、小雨在忙着做饭。

随着剧情的发展，我们可以发现，这个分配零花钱的方法一开始确实起到作用，把孩子们的积极性都调动起来了，但是最后的结果与夏家夫妇的初衷大相径庭。那么，怎么给零花钱对孩子的成长最有帮助呢？

我们先来看看给孩子零花钱的三大误区。

给孩子零花钱的第一个误区就是夏家采用的方式,把零花钱和家务活关联起来。

当零花钱与做分内的家务活关联时,很多问题也就出现了。当你给一个五岁的孩子 1 块钱时,他会很开心地自己叠衣服;当他长到八岁时,他就会向你要 10 块钱的叠衣费;等他到了十四岁时,就算你给他 50 元,他可能也不愿意叠衣服了。

将零花钱和做家务联系在一起,往往会牵涉诸如奖励、惩罚、贿赂以及其他一些操纵孩子的行为,而这些方式都会扼杀孩子的责任感。

实际上,做家务是我们生活幸福的一个保障,它应该像吃饭、睡觉一样,是自然要做的一件事情。我们需要教会孩子,人生的许多东西是不能靠交换或金钱得来的,像亲情、爱情、温暖等。每个孩子都应该做家务,理由只有一个:他是家里的一份子。只有这样,才能激发孩子的责任意识,而不是走向反面。

给孩子零花钱的第二个误区是:孩子求才给。

一些家长认为,家里该买的东西已经买了,孩子没什么需要买的,不必给孩子零花钱。

已经上二年级的丁丁,爸妈没有固定给他零花钱的习惯,偶尔才给他一些。他们会把买东西找回的零钱硬币都存进家里的一个存钱罐。丁丁很喜欢吃零食,特别难抵挡冰激凌的诱惑。不知道从什么时候开始,丁丁总会悄悄地偷拿存钱罐里的零钱去买零食吃。等到丁丁妈发现时,零钱罐里只剩三分之一的零钱了,而丁丁还拒不承认是自己拿的。丁丁妈妈说,她最讨厌孩子撒谎,所以大为光火,为此还打了丁丁一顿。

其实,给孩子零花钱和赡养老人一样,是家长应尽的义务。很多家长不给孩子零花钱,而像丁丁的爸妈一样,只给孩子"救济"。家长要么认为孩子不需要花钱,要么会被孩子们哄骗哭闹等要钱的方式所操控,形成了一种"你求我才给"的模式。这种情况下,即使家长给了,孩子也不会有感激之情;同时,这种零花钱模式悄然地掠走了孩子们的自尊和自信，甚至导致孩子撒谎、隐瞒的不良后果。

给孩子零花钱的第三个误区是：无限制地给。

曾经有一位爸爸打电话向我求助。他说上大学的儿子花钱毫无节制，刚开始他们夫妻俩也没太在意，一个学期下来才发现原来儿子每个月都要花掉 4000 元左右。这对于工薪阶层的他们来说，已经是不堪重负。

这位爸爸就是在孩子的成长过程中，想着只有一个孩子就必须得尽量满足他的要求，也因此变得无限制地满足孩子。这样的行为导致孩子在突然独立后没有能力控制自己花钱的欲望，常常购买很多东西，甚至很多是不太需要的东西。

正面管教建议给孩子零花钱的方式是：定期给、定量给、定项目花。

我是在两个儿子五岁时开始给他们发放零花钱的。当时是每周 5 块钱，这是定期、定量给的部分。怎么定项目呢？我们约定凡是去旁边的商场玩摇摇车的钱，全部由他们自己出；另外，买玩具的钱，每花费 100 元他们就自己出 20 元。

自从定了这个规矩，每次去玩摇摇车，我都会提醒哥俩带上自己的零花钱出门。花自己的钱，效果果然不一样！他们不再像以前那样，玩了一次又一次，不肯回家。有零花钱后，玩多少次全由他们自己做主。因为花的是自己的钱，所以他们就变得特别抠门；有时带着 10 块钱出去，回家时还能剩一点。

我们再来看看几个家长定期给、定量给、定项目花零花钱的案例。

六岁的小米想要一台昂贵的遥控汽车。爸爸就和他解释，根据零花钱的约定，只要小米自己能攒够 20 元（需时四周），爸爸就会帮他付剩下的那部分钱买遥控汽车。于是父子俩找来一个玻璃罐子，并在罐子上贴了一张遥控汽车的照片。接下来的两个星期，小米把他的全部零花钱（每周 5 元）都放进了玻璃罐。

到了小米家每月一次的购物活动时，小米又去摆弄商场里他心仪的遥控汽车。爸爸问他："你存的零花钱够买这部车了吗？"

小米有点沮丧地回答："还不够。"

爸爸说："加油，你再攒点，就可以买了！"

一周之后，小米兴奋地拿着攒够的钱，和爸爸一起把遥控汽车买了回来。

上初二的奇哥，暑假到妈妈的公司打暑期工，很努力地攒钱，因为他想买一辆专业的山地自行车。根据他和妈妈定下的零花钱约定，如果他能凭自己的努力付一半的费用，他就可以买那辆心仪已久的山地自行车了。

易知、易行、小米、奇哥都在理解和学习金钱的价值。在这个过程中，他们也意识到一些快乐是不能立即满足的，要学会等待，学会设定目标，有时需要控制欲望，有时则需要为自己想要的东西付出额外的劳动。而且他们的合作精神、责任感和感恩之心等品德也在这个过程当中得到了培养。

零花钱是教育孩子金钱观念和责任意识非常好的载体，而理财也是家长必须传授给孩子的必要的社会生存技能。

正面管教还倡导让孩子从花钱的错误中学习，家长可以共情，但避免解救。

大美上六年级了，妈妈给了她一笔零花钱自行去买衣服。妈妈和大美一起将衣柜翻了一遍，商量好了大美需要买哪些衣服。大美在购物时面临一个选择：是买一条贵一些的名牌牛仔裤，还是花同样价钱买四件衣服。后者是之前和妈

妈商量好的。最后，大美选择了买牛仔裤。但是，回到家她就后悔了。妈妈也没有批评她，反而表示理解。大美只能懊恼地等待下一次存够零花钱的时候才有新衣服穿了。

还有的家长担心，如果让孩子自主处理零花钱，他肯定会乱花。也许，孩子的零花钱真的会 "乱花"，因为他想要的东西和家长想的不一样。但是，孩子的钱想怎么花，应该让孩子自己决定。如果零花钱要怎么花还是家长说了算，孩子不能自主支配，那么孩子非但无法从错误中学习，最终还可能学会撒谎或隐瞒。

孩子要是提前花光了一个月的零花钱，家长应该表示同情，但不能去援助他们，也不能插手帮忙，这样孩子就会从这个经历中得到教训。这个过程可以帮助孩子体会到自己的价值——自己做决定、自己承担后果、自己学会负责地花钱，等到他们离开家自己独立生活时，就已经具备足够的理财能力了。另外，学会妥协与平衡也是孩子成长过程中必修的功课，零花钱在这个方面也是孩子最好的老师。

定期给、定量给、定项目花零花钱，对所有相关的人都有好处，因为家长可以根据家庭的承受能力和孩子的需求进行平衡，然后制定出相应的"零花钱体系"。如果孩子的需求超过了家庭的支出预算，家长就要鼓励孩子通过自己的劳动来赚取零花钱。

实践案例精选
定期给零花钱让孩子学会花钱

小鱼儿有一个习惯，就是每次出门都要花钱。如果没有满足他的需求，他就会发脾气甚至打人。四岁生日那天，我决定用定期给他零花钱的方法来彻底解决这个问题。当天晚上，我对小鱼儿说："从今天开始，每晚睡觉前我给你1块钱（我没有提任何附加条件，因为这是我们养育责任的一部分），以后你可以自己决定买什么了。"说完我就把准备好的存钱罐和1块钱交给他。小鱼儿很开心，睡觉时还把存钱罐放在了枕头边。之后的几天，每当小鱼儿要求买什么东西的时候，我都会提醒他"零花钱存够了再来买"，他都同意了。但是没过多久，一直没有被满足的失望情绪终于爆发了。有一天在去书店的路上，小鱼儿又想买玩具，爸爸随口答应了。在我的提醒下爸爸马上改口说："等你存够零花钱再买。"小鱼儿便开始大喊大叫，说爸爸不遵守约定。我说："我知道你很想要那个玩具，爸爸没给你买，你很失望，但我们的约定是什么？"小鱼儿继续发脾气，等到他发泄完，他也意识到我们是不会给他买的，所以最终还是决定去书店看书。有一次，他说要去游乐场开赛车，但没有带钱。我对他说："那妈妈借你10块钱，你回家后从你的零钱中拿10块钱还我。"他满口答应了。晚上睡觉前，小鱼儿找我拿钱（现在每晚睡前都会记住这事），我照例给他1块钱，然后我说："那你要还我10块钱。"说完当着他的面从存钱罐里数出10个1元的硬币。他一看罐里的钱一下子只剩下几个，就开始不开心了，然后指着我手上的硬币说："把钱还我，我存得很辛苦的，你不能拿！"我说："这是我们约定好的，你可不能反悔哦。"他还是一脸不情愿，我说："那你说怎么办呢？要不你分几次还我？"最后，他先是拿了2块钱给我，第二天又给了1块钱。虽然最后他只还了3块钱，但之后也没再向我借钱了。他知道借钱也是花自己的钱，有点心疼了。

适当满足孩子大额开销的愿望

当孩子发现零花钱怎么攒都不能购买一些昂贵的物品时（比如电子产品、一辆单车），他可能会思考如何可以多获得一些钱。如果家长没有提供适当的帮助，他可能会灰心丧气，认为自己是不被爱的，或者挑战家长的权威，叛逆、对抗，甚至直接偷、抢。

我的双胞胎儿子在某一段时间里买了三批陀螺，从简单的开始，玩到现在已经是三层合体的款式了，最贵的一只要160多块钱。为了买这两只陀螺，兄弟俩花光了他们所有的零花钱，甚至还来找我要。我一买得买两只，慎重考虑后我还是决定满足他们的需求，但是我们约定，必须在技术提升到一定程度后才可以再买下一个，于是他们玩得更投入了。最难得的是，这两三个月中，爸爸和哥俩斗陀螺也斗得很开心，我偶尔参与其中也觉得乐趣十足。我的个人意见是，在经济方面量力而行，各家可以制定自己的底线和标准，站在孩子的角度倾听和满足他的真实需求，这样的孩子会更感恩父母。

除了帮孩子支付一部分开销外，还有其他一些选择：

1. 让孩子做一些非"义务"范围内的特殊任务获取报酬，比如说帮父母打印资料、给小朋友辅导作业、家里临时来客人帮父母买菜等，前提是不影响孩子完成本该由他承担的事情，如写作业、学校活动、个人房间的清洁、公共区域卫生的打扫等。

2. 让孩子把闲置的个人物品出售或者用来交换想要的东西。

3. 设立家庭银行，用高额回报鼓励孩子把钱存起来，既满足了大额开销所需，也可以用理财回报满足零散的日常开销。

孩子被欺负了，怎么办

冲突是孩子学习社会规则的宝贵机会，父母可以利用这些机会，以示范和引导的手段让孩子锻炼表达自己、体贴对方、解决问题、致谢、致歉、友好相处等方面的能力。

有一次，那时我的两个儿子还在上幼儿园，我带着他们与球球一家去游乐场玩，其间球球跟另外一个小朋友起了冲突。球球拿起一个积木使劲地敲了一下那个孩子的头，那个孩子哇哇地大哭起来。孩子的奶奶就在边上看着，马上冲过去，用手指戳着球球的头，大声呵斥道："你这孩子，怎么这么没教养！"

球球的妈妈一看见这一幕，冲上去和那位奶奶理论："你至于这么大喊大叫吗？吓着孩子了！孩子不懂事，你那么大年纪了，还不懂事吗？"那位奶奶勃然大怒："你家孩子打了我的孙子，你还有理了？"……接下来，大家可以想象得到，两个大人就激烈地吵起架来。我在旁边一直很尴尬，不知道该怎么劝她们。那两个孩子在这过程中会有什么反应呢？他们当时躲在大人们的身后，一直在哭，既手足无措，又很害怕。

我们先说那位奶奶，她看到自己的孙子被欺负了，立即冲过去保护孩子，帮他处理问题。这样做，有错吗？相信已经经过一轮学习的你，会有你的判断和答案了。是的，奶奶这样的介入会给孙子的潜意识里不断植入一个信息：我很弱小，我不行，我需要大人的保护。其实，这种"我很弱小"的信息被植入得越多，孩子就越容易遭欺负。换句话说，孩子被欺负的时候，家长的援助越多，孩子将来被欺负的可能性也就越高。

对于孩子来说，他们对"被欺负"的反应往往不是家长想的那么强烈。当家长还在咬牙切齿时，却可能发现孩子已经"很没出息"地又和欺负他的孩子玩到一起去了。因此，除非出现暴力威胁、恶意攻击，或者孩子跑来求助，否则家长还是应该调整自己的心态，不要强行干预，甚至代替孩子出头，以免激化矛盾。

有的家长未必像那位奶奶那样，直接介入和批评别人家的孩子，但是处理方式却同样糟糕——就是将自己的心疼、气愤、"恨铁不成钢"的情绪发泄在孩子身上。比如有的家长会训斥孩子"你白长这么大个儿，连那么小个儿的孩子都打不过"，或者直接质问孩子"他打你，你不会使劲打回去吗"等。这些方式其实都是在鼓励孩子以暴制暴，无形之中增强了孩子的攻击性，这无异于是在培养和训练孩子：打架就是处理人际冲突的有效方法。

那么，这位奶奶当时可以怎么做呢？其实，孩子在这个时候最需要的是家长的的抚慰。最简单的做法是在第一时间询问孩子疼不疼，然后再给孩子一个温暖的怀抱，接纳他的情绪，倾听他的委屈；等孩子平静后，可以教他如何保护自己，引导他自己想办法避免再次受到伤害。这里需要提醒一下家长，即便你的孩子仍然经常受欺负，也请你不要放弃鼓励他积极与人交往，否则过度保护会使孩子在封闭的环境下长大，成年后可能更难面对挫折和困境。

我们再来看球球的妈妈。当球球与别人家的孩子发生冲突时，球球妈只顾着跟那位奶奶理论，也给球球传达了一个信息：这个世界非常不安全，必须用攻击的方式去防御和处理问题。球球妈并没有向球球指出他的打人行为是错误的，这会助长球球日后攻击他人的行为。更好的做法是，球球妈先替球球道歉，再把球球拉到一边，以共情的方式问他是不是很害怕；同时告诉他，那位奶奶之所以生气是因为心疼自己的孙子，再问球球把那个小朋友打疼了应该怎么办，引导他去给那个孩子道歉。

在这样一个处理的过程中，球球可以学到一些无比珍贵的东西，那就是为自己的行为承担责任；同时，他也可以认识到有问题并不可怕，问题是可以解决的。因此，对于做了错事的孩子，父母最需要关注的是解决问题。

随着孩子的成长，孩子"被欺负"会成为家长必然要面对的问题。那么，孩子被欺负了，家长到底该怎么引导孩子？以往我们问家长这个问题，得到的答案基本分为两派，"打回去"派和"自保"派。

"打回去"派认为：善良的孩子就是招欺负；家长的确要教孩子有教养，但不能把孩子培养成"圣母"；孩子被欺负了，就是要打回去，要让欺凌者知道自己不是好欺负的。实在不行，家长就直接帮孩子打回去。

"自保"派则认为：别人家的孩子没教养，我们不能跟随，更不能助长孩子形成"与人为敌"的惯性意识，教孩子自我保护的技能就好了。

你属于哪一派？

无论是哪一派，家长的行为都是孩子效仿的榜样。父母在解决孩子之间的冲突时采用不同的方法，会导致两种结果：一种是激发了孩子们的敌对想法；另一种是教会孩子解决问题的方法，以及如何避免再次发生同样问题。很显然，后者更有助于提高孩子的社交技能，引导孩子成年后顺利走向独立工作和生活。

曾经有一个来自增城的校长，她在家长课堂培训的时候不断地接到学校老师打来的紧急求助电话。看她一脸的凝重和紧张，我们也吓坏了。后来我们才知道，当她在上课的时候，学校那边正在发生惊心动魄的一幕。其实这本来是很小的一件事，甲同学和乙同学互相打闹，乙不小心把甲的书包带扯断了。可是剧情的发展却让我们都傻了眼。

放学后，甲同学的奶奶发现书包带被扯断了，甲说是乙扯断的，奶奶很生气，便找来乙同学理论，要他赔一个新书包。乙同学的爸爸也到了学校，不甘示弱，跟甲的奶奶理论了起来。结果这位奶奶越说越气，打电话给自己的儿子，喊了十几个村民过来助阵，甚至要为此打架。这十几个村民围着同学乙的爸爸，要他下跪向甲同学的奶奶道歉认错。乙同学的爸爸当然不同意，也打了电话叫来十几个人。老师在旁边看到都吓坏了，眼看有可能出现械斗，赶紧给这位校长打电话求助。这位校长便让老师打电话报警。最后两拨人都被带到警察局，事件总算平息了。

大家也可以猜测一下，甲同学和乙同学在这过程中会怎么样。与上面球球的案例一样，这两个孩子全程都处于非常害怕的状态，并且一直哭。

我相信，这两个孩子在那个过程当中一定非常担心、害怕和恐惧，但是没有人理会他们的情绪。当时大人们正忙着争执，甚至考虑打架，这样的行为会让他们感觉到极度地不安全，同时他们的心底也被植入了一些仇恨的种子。他们吸收到的信息是，如果要处理纠纷，就得用敌对、针尖对麦芒，甚至要动用武力的方式来解决。

下面这个案例中的爸爸，他很重视孩子的教育，基本上属于"自保派"。有一次，他认真地问我："马老师，我想跟你请教一个问题。我儿子上小学二年级，偶尔会被班上的同学欺负，我就教了他四个方法。你帮我看一下这四个方法，合适不合适？"于是他说出了下面四个方法：

方法一，打得过就打回去，打不过就赶紧逃。

方法二，告诉老师，让老师批评欺负人的同学。

方法三，这个方法有些特别，就是他给儿子准备了一些小礼物，告诉儿子谁对他好，就给谁送礼物，谁对他不好，就不给他礼物。

方法四，去找同校的姐姐帮忙，因为姐姐在同一所学校念四年级，身材高大，还学过跆拳道，可以出头保护弟弟。

现在，我们来简单分析一下这位爸爸的四个方法。

对于他的第一个方法，我认同他教孩子保护好自己的后半部分，即"迅速逃离现场"，这的确是教给常被人欺负的孩子自我保护的好方法。当孩子受欺负时，可以教孩子跑到人多的地方、跑回公众场合或者跑到老师能看得见的地方。但"打得过就打回去"的这种方法并不能帮助孩子解决被欺负的问题，甚至会导致孩子产生暴力倾向，加剧孩子人际关系的恶化。

至于第二个方法，在我看来，如果发生了严重的事件，就必须告诉老师；但是，如果孩子动不动就去老师那打小报告，也会很容易被同学孤立起来，不利于孩子交朋友。

而对于第三个方法，我个人特别不赞成这样做。五至十岁的孩子能建立健康的伙伴关系很重要，但过多物质的介入会妨碍孩子人际交往能力的培养。在小学阶段，健康的伙伴关系对孩子的性格、社会情感发展都有着极大的影响。

第四个方法可能对孩子的性格影响是最大的，因为"有问题就找姐姐"，这样的互动很容易成为习惯；一旦成为习惯，弟弟就会不断地在自我认知方面强化形成一个"我很弱小，姐姐比较强大，我需要被保护"的信念。久而久之，这更奠定了他弱小、易受欺负的自我认知。

作为家长，你知道哪些孩子比较招人欺负吗？招人欺负的，不一定是体格、体能弱的孩子，而往往是那些缺乏自尊和自信的孩子。既要避免以暴制暴，又要避免孩子被欺负，还要提高孩子应对人际冲突的自信心，在此，我有两个建议。

第一个建议是，多跟孩子玩身体对抗的游戏，比如说摔跤、顶牛等。

就像我前面提到的这个爸爸，他提过想送儿子去学跆拳道。我觉得在孩子愿意的前提下也是可以的，但这只增强了身体的力量，而如何善于运用身体的力量，还需要让孩子在一个安全的环境中慢慢体会和学习。跟爸爸玩身体对抗的游戏对孩子很有帮助，如果孩子用力太猛，可以严肃地拒绝孩子："太疼了！我不喜欢你这样，请你停止！"这其实也是演示给孩子看，如果他感觉被欺负了，可以怎么用语言来阻止对方。

游戏的过程中，家长可以让孩子多赢，以此增强孩子的信心。玩多了之后，还可以加大难度，让孩子必须付出更多的努力才能赢，这样的游戏设定会进一步增强孩子的力量感和自信心。

第二个建议是，玩角色扮演的游戏。

七岁之前的孩子拥有丰富的想象力。他们最喜欢扮演动画片中的英雄人物，体会主角的力量感。多玩扮演英雄的游戏，可以让孩子在被欺负的时候敢于保护自己。

对于七岁以上的孩子，家长还可以通过互换角色的扮演来还原事件经过、增进相互理解、避免冲突。

例如，二年级的冬冬和小华发生冲突，小华不小心把冬冬的书包碰到地上了，冬冬让小华捡起来，小华不捡，因此冬冬把小华给抓伤了。这种情况下，小华的妈妈该怎么做才可以让小华避免在冲突中受伤呢？

小华的妈妈是这么做的：她让小华扮演冬冬，自己扮演小华，把事件经过还原了一遍。扮演游戏结束后，小华体会到了冬冬生气的原因。紧接着小华妈妈提出再演一次，只不过这次角色调换，小华妈妈扮演冬冬，而小华则做自己。当演冬冬的妈妈让小华把书包捡起来时，小华做了不同的选择，他把书包捡起来还给了妈妈扮演的冬冬，并道了歉。最后，小华妈妈问他如果再次发生同样的事情时是否知道该怎么做，小华表示明白，并决定要主动和冬冬道歉。第二天，小华找到冬冬，承认

了自己的错误，并且诚心地道了
歉；而冬冬也表示了自己对弄伤
小华的愧疚。

冲突是孩子学习社会规则的
宝贵机会，父母可以利用这些机
会，以示范和引导的手段让孩子
锻炼表达自己、体贴对方、解决
问题、致谢、致歉、友好相处等方面的能力。在这种时刻，父母应该以孩子的感受
为主体，不要对自己的孩子是否"被欺负"斤斤计较，更不要跟对方家长较真儿。

我们要相信，孩子的适应能力和学习能力往往超乎大人的想象。他们在成长的
过程中，会不断地学习并尝试不同的人际交往技巧。当这样的训练次数多了，也许
有一天你会发现，孩子仿佛变了一个人，他不再无助地哭泣，而是开始学会捍卫自
己的权利了。

实践案例精选
我是小小广播员

上周五，泡泡的幼儿园老师给我打电话，告知我下周五幼儿园有观摩课，希望
泡泡做小广播员代表，广播的主题是"各行各业"，要求最好能脱稿。我当时心里
就想："泡泡还从未试过脱稿，该怎么办呢？"

从老师那里领了任务之后，每天和泡泡走在路上的时候，我们就一起商量观摩
课那天应该说什么好。我建议她按照自己的想法讲，这样更容易进行脱稿演讲。

她自己选了主题，说："我已经说过我以后要做的职业了，要不就说说妈妈的

职业吧。"这让我既欣喜又好奇。

小广播员不光是锻炼孩子在众人面前讲话的勇气和胆量，更重要的是锻炼思维和语言组织能力。我用"你觉得妈妈是做什么的？你要怎么说小朋友才能听懂妈妈的职业""还有吗""你看到妈妈为了准备上课会做什么呀""你为什么喜欢妈妈的职业"等问题来引导她思考，由她自己说出答案，然后再一同商量要不要把这些放进演讲稿中。

很快，我们就确定了内容。可当我把演讲稿打印出来交给她的时候，她哭了。她的眼泪扑簌簌地流下来，声音颤抖地呢喃着：

"为什么我已经做过小广播员了还要我讲？应该别的小朋友讲！为什么要脱稿？为什么你现在才给我打印，一个晚上哪里够时间背啊？"

我心里咯噔一下："泡泡怎么会在这个时候说这样的话呢？这一周我们不都是商量得很愉快的吗？"

我知道这个时候得先让她平复心情，她才有可能去练习。

我试探着问她的感受："你有些害怕，怕时间不够，记不住？"她点头。

"你担心讲不好，老师不满意？"她又点头，眼泪涌得更厉害了。

唉，可怜的孩子，做一个小广播员竟然有这么大的压力。

我小心翼翼地提了一个建议（其实，我知道这个时候提建议通常是没用的）："要不，你看看这个稿子里有哪几句话是你想讲的，你就画上线，其他你不想讲的我把它删除了？"

她拒绝了："不行！那样太短了！"

我知道了，她想做好这件事，只是现在缺少一些勇气。

我说："妈妈每次如果要脱稿讲话的时候，我也会很紧张和害怕。这个时候我就会跟自己说'反正只有我自己知道我要讲什么，讲错了讲漏了也没关系'，我还会吃些东西让我心情好起来。你要吃点东西吗？"

她稍微好了一些，但还是摇头。

"那你要喝一杯热巧克力吗？妈妈紧张的时候喜欢喝它。"

她的脸突然放晴了，笑着对我点头。

一杯热巧克力下肚，她的情绪好多了。她拿起了广播稿坐到自行车上，问我："妈妈，我可以一边骑自行车一边背吗？"我夸张地回答她："当然可以，我可从来没有见过自行车广播员呢！"

她骑着车，把稿子放在车头，边骑边大声地读。接着，她一条腿架到自行车把手上，就只用另一条腿边骑边读，这个动作很滑稽，把她自己也逗乐了。

她觉得自己能背了，就说："妈妈，你拿着稿子，我如果不记得，你就提醒我。"接着，我就配合着做夸张搞笑的动作提醒她，把她乐坏了。三遍之后，她说："妈妈你不要做动作了，太搞笑了，我都说不下去了。"

我们正经地一个背一个听，背完后她问我："妈妈，你给我打几分？"我说："非常好！85%的内容都讲了，我听明白你妈妈的职业了。"她开心地宣布："好，那就不背了。"

第二天早上，在去上学的路上，她说："妈妈，我还是再练一次吧。"她完全脱稿说了一遍。我说："我要给你110分！你的内容得90分，说得响亮清晰加10分，边走路边说有难度，再加上难度分10分！"她非常开心。

我接着问她："现在，你觉得什么样才是一篇好的演讲稿呢？"

她想了想，回答我："不能太长，太长了记不住；不能太短，太短了没有内容。要讲小朋友听得懂的话，要讲小朋友愿意听的东西。"

我说："嗯，很有道理，这四条妈妈也要记住呢。"

她接着说："妈妈，我还发现，演讲稿有些话的顺序错了没关系，但有些话就一定要放在最后才讲。"

我说："对啊，顺序错了没关系，放在一起的就是并列关系，放在最后的就叫结论。"

这一个星期，围绕着她的演讲稿，我问过她很多问题，她思考、表达、决策、与我讨论，所有这些都是她的收获和成长。

后来，老师在家长群里发了泡泡做小广播员的视频。她果然脱稿了，而且说得比任何一次练习都要完整、流利和清晰。

放学后，我问泡泡："妈妈看到你今天做小广播员的视频了。你说得很完整，而且响亮清晰。你想看一看吗？"

她说："不用了，我知道我讲得很好。妈妈，我今天感觉我很自信，你看到我在说的时候是笑着的吗？这就是自信。我再也不怕脱稿了，我很开心。"

这一次小广播员的经历让我和孩子都有收获。孩子学习到如何做广播员、如何面对困难；而我学习到鼓励的力量——孩子并不需要我们替她解决困难，当我给她勇气时，她就会有信心去面对她的困难，就会获得自信。

（本例由陈绮提供）

懂得放手才是真的爱孩子

受伤的膝盖会痊愈，而受挫的勇气则会终生留下伤疤。

——鲁道夫·德雷克斯

前两年网上热传着一个现代版"方仲永"的故事，大家应该听说过。这是一个令人惋惜的故事。

自小被人称为"神童"的魏永康，十七岁就考入了中科院高能物理研究所。可是，母亲为了让他专心读书，从他小时候开始，她就包办了所有的家务活，还包括给他洗衣服、端饭、洗澡和洗脸。没了母亲的悉心照顾，他在北京读书期间感到很不适应，甚至无法安排自己的学习和生活。由于长期生活不能自理，并且知识结构不适应中科院的研究模式，他被学校劝退了。

很显然，魏永康之所以成为现代版的"方仲永"，母亲的过度照顾、不肯放手、包办代替的教育模式是主要元凶。

在我们身边，我们也会时常看到一些总是不肯放手、包办代替的家长：看到孩子吃饭慢就追着孩子喂，看着孩子穿鞋慢就出手帮孩子穿，在游乐场里追着孩子喂水、喂水果、喂零食、擦汗。

你可能不知道，当你追着孩子喂饭时，生理上是把孩子喂饱了，心理上却把孩子饿着了。在孩子最需要"我是有能力的"精神滋养的年纪，家长却无法满足孩子的心理需求。正是这种不放手和滴水不漏的照顾，让孩子本该有的"心理能力"一点一滴地丧失，最终成为了一个精神上和生活上都无法独立的孩子。

如果说世上的爱都是为了相遇，只有父母的爱是为了分离。带着爱放手，是孩子身心健康成长的必修课，也是父母最重要的职责之一。

我们再来看一下五岁小男孩斯坦的一个生活场景。斯坦的妈妈对他过度保护，结果让他失去勇气，变成一个蔫蔫的、胆小的孩子。

五岁的斯坦有点无精打采地在游乐场玩着沙子。他看起来安静消瘦、闷闷不乐，慢慢地把沙子从一只手倒入另一只手。他的妈妈正坐在旁边的长椅上，他问妈妈："我现在可以去荡秋千吗？"妈妈回答："如果你想去的话，我带着你玩，这样就不会有危险了。"斯坦站起来拉住妈妈的手。妈妈一边牵着他向着秋千走去，一边解释说："我们要小心点，离秋千远点，这样才不会被撞到。"斯坦坐上了秋千，妈妈问："我推你好吗？"斯坦问妈妈："我可以自己上下荡着玩吗？"妈妈说："那你可能会摔下来哦。还是我来推你吧，抓紧哦！"妈妈开始推斯坦，他则紧紧地、安静地抓着秋千绳。

没一会儿，斯坦觉得没趣了，从秋千上下来。妈妈又牵起他的手说："宝贝，小心，离远点，其他荡秋千的人会撞到你哦。"他们经过儿童单杆时，斯坦看到几个孩子挂着翻圈玩，问妈妈："我能玩这个吗？"妈妈回答："不行的，斯坦，这个太危险了。去滑滑梯吧，那比较安全。不过，你上滑梯的时候要小心，别摔下来，我在下面等着你、保护你。"斯坦小心翼翼地爬上滑梯，坐下来扶住护手准备往下滑，嘴里带着浅浅的微笑。妈妈又朝他喊道："斯坦，等一下！等别的小朋友离开以后，你再滑，不然你们会撞在一起的。"终于，妈妈喊道："斯坦，现在你可以滑下来了。"

滑了几次之后，斯坦说他累了，想回家，然后牵着妈妈的手离开了游乐场。他没有机会大声喊、大声笑，也没有机会跑来跑去。他觉得这里一点儿也不好玩。

孩子们需要体验快速下滑的惊险刺激，借此测试并提高自己应对危险情况的能力。当然，这并不是说我们可以疏忽孩子的安全。当孩子遇到难度较高的情况时，我们可以提供适当的保护和指导。

斯坦的妈妈需要明白，当她努力去保护儿子不受伤时，实际上，斯坦在精神上会不停地接收到一个声音："你的能力多弱呀！"同时，这样的保护还会强化斯坦对危险的恐惧感。五岁的孩子在游乐场上完全有能力照顾自己。虽然不能把他单独留在游乐场上，但毫无疑问，他可以在游乐设施之间游刃有余，也完全有能力避开摆动的秋千，或者玩转儿童单杆。这些活动能够极大地促进斯坦建立信心。

斯坦的妈妈对他过度保护，其结果只会让他失去勇气。她怕斯坦受伤，所以处处拦着他，令他缩手缩脚，不能参加同龄孩子的活动。最终，斯坦便无法自己做主，总是得先经过妈妈的同意。即使妈妈允许了，他也是漫不经心、毫无精神，这样的童年毫无乐趣可言。斯坦表现出的无精打采和闷闷不乐，正是他内心受挫的体现。生活中一定会发生不同程度的打击和伤害，而在经历打击和伤害的时候，孩子们就要在这个接受的过程中学习怎样面对痛苦，并跨越痛苦。

鲁道夫·德雷克斯说过一句非常富于哲理的话："受伤的膝盖会痊愈，而受挫的勇气则会终生留下伤疤。"

很多明星也越来越接受这个道理，并用于教育自己的孩子。明星的孩子可能是含着"金汤匙"出生的，但是我们也看到，在培养孩子的独立性方面，越来越多的明星家庭有了要放手的教育理念。大家都熟悉的两档综艺节目《爸爸去哪儿》和《爸爸回来了》，在满足大众对明星生活的好奇心的同时，也让人们见识了部分"星二代"超越同龄人的方方面面。

比如《爸爸去哪儿》里面的田亮，在带着几个孩子做饭时，他很有耐心地指挥、引导几个孩子自己做事。他的女儿森蝶也俨然"女汉子"一个，一点也不像人们想象中那样的娇生惯养。

还有郭涛，看得出来他也是一位懂得放手的爸爸。他的儿子石头带领着几个小朋友过五关斩六将，非常独立、有担当。

蒋勤勤也一直鼓励开放式地教育孩子。她曾在采访中说道："孩子很小的时候我就发现他是通过手来感知这个世界的，只要不危险，我都会鼓励他去触碰。"

父母不放手，会形成三种亲子关系：

第一种：挟持型亲子关系。

在孩子幼年时，如果父母包办代替孩子的所有事情，或是担心孩子的方方面面，在这样的环境中成长的孩子会过分依赖父母，无法独立生活。

第二种：寄生型亲子关系。

在孩子的成长期，如果父母对孩子的行为有着过多的控制和限制，这样的关系会导致孩子没有独立的思想，要么形成顺从或叛逆的性格，要么成为"啃老一族"。

第三种：共生型亲子关系。

被家长过度照顾的孩子，成年后会与家长有一种共生、无法割舍的关系带。会认为自己和父母是彼此生活中最重要的人，精神上共生在一起，谁离了谁都不行。

我有一个朋友，四十多岁，结婚后一直和母亲生活在一起，也一直没有孩子。她是和母亲共生的典型案例。

无论她多大了，母亲对她依然是无微不至地关心照顾，其实她的婚姻也是母亲从相亲开始一手安排的。她说在家里，她的老公更像是一个第三者。他们的夫妻关系一般般，母亲可以随时走进他们的房间，老公倒是可有可无。她一直不敢生孩子，因为她一直都觉得自己没有能力照顾好孩子。

前几年，她的母亲去世了。她因此得了抑郁症，整个人瘦得只有七十多斤。后来，借助心理咨询，她才慢慢走出困境。

从孩子出生到成年，在成长的每一天里，他都会有自己独立去完成一些事情的意愿，比如自己吃饭、自己穿衣服、自己走路上学放学、出游时自己收拾行李、自己背行李包、自己买车票、自己去超市买东西、自己去找小伙伴玩，等等。同时强烈的好奇心也让他总是希望自己有更大的空间去探索，此时他对世界上存在的任何一个东西都有着强烈的好奇心。在他一次次有欲望去尝试时，如何有智慧地带着爱放手，这对父母而言是一个很大的挑战。

对很多父母来说，对孩子放手是一件说着容易做着难的事情，其中最大的挑战是担心孩子的安全问题。那家长应该如何做到既保护孩子的探索欲望、培养孩子的独立意识，又能让自己放下恐惧和不安呢？正面管教里有一个叫"带着爱放手"的工具可以帮助家长解决这个问题。

带着爱放手，是在安全的范围内，鼓励孩子自由探索。在这个过程中，家长无须告诉孩子你在对他放手，只需要默默地去做便可。当有一些意外情况发生在孩子的身上时，家长要用鼓励和接纳的方式代替指责和唠叨。

想象一个场景，你想让一个五岁的孩子开始自己洗澡，要做到"带着爱放手"，你应该怎么做呢？这时，你可以问自己四个问题：

问题一：你不能放手的恐惧是什么或不能放手是因为担心什么？（答案可能是怕孩子着凉、生病）

问题二：孩子自己想要的是什么？（独立自主及能力成长）

问题三：放手时，你可以做到的一小步是什么？（先让孩子自己洗，大人帮忙擦干和穿衣服）

问题四：你打算什么时候开始尝试这放手的一小步？（今天就开始）

作为家长，如果你在孩子成长的各个年龄段都不能做到放手，那么你就会发现，你一直无法做一个放心的家长。孩子总有让你无法放心的事，而教育孩子的真相是，你放手了孩子才会让人放心，你放手了自然慢慢地就省心放心了。

著名的诗人纪·哈·纪伯伦写过一首诗，叫作《致孩子》。这首诗特别值得父母们欣赏和推敲，因为它能帮助父母建立"带着爱放手"的正确心态。

你们的孩子，都不是你们的孩子，

乃是生命为自己所渴望的儿女。

他们是借你们而来，却不是从你们而来，

他们虽和你们同在，却不属于你们。

你们可以给他们以爱，却不可以给他们以思想，

因为他们有自己的思想。

你们可以荫庇他们的身体，却不能荫庇他们的灵魂，

因为他们的灵魂，是住在明日的宅中，那是你们在梦中也不能想见的。

你们可以努力去模仿他们，

却不能使他们来像你们，

因为生命是不倒行的，也不与昨日一同停留。

你们是弓，你们的孩子是从弦上发出的生命的箭矢。

那射者在无穷之中看定了目标，也用神力将你们引满，使他的箭矢迅速而遥远地射了出去。

让你们在射者手中的弯曲成为喜乐吧，

因为他爱那飞出的箭，也爱了那静止的弓。

在此祝福每位家长身后的孩子，都能拥有独立成长带来的勇气！

实践案例精选
带着爱放手

暑假的时候，我为麟麟报了一个夏令营活动。夏令营的第二个行程安排了"洱海骑行"。午饭后我们开始分配单车，我挑选了一部最小号的成人单车，而麟麟也选到了一辆最小号的儿童单车。但就在刚骑出100米的时候，大家都被桐妈叫停了。原来是因为沟通错位导致当天的最小号儿童单车少了一辆，伯玲小朋友没有选到合适的儿童单车，又没有其他孩子可以再转骑成人单车，最终麟麟和伯玲不得不面临着整个骑行过程要分享一辆单车的局面。

伯玲是一个来自北京的刚满七岁的小姑娘。这次来夏令营，她最期待的就是洱海骑行。麟麟此刻因为已经骑在车上，所以要让他现在就把单车让出来也绝非易事。大家建议让他们俩石头剪刀布决定谁先骑行第一段，结果麟麟胜出了，他很开心，而伯玲立刻就哭了出来。

美熊老师和桐妈都在想办法与麟麟沟通是否愿意让伯玲先骑。我和伯玲妈妈退在一旁等着麟麟自己决定，最后麟麟同意让伯玲先骑三十分钟，而自己选择了让骑行教练骑车带他。

看到问题得以解决，大家也就松了一口气出发了。但是很重要的一点是大家都忘记了计时。我骑了不到十五分钟就感觉体力不支，决定坐汽车休息。沿途我看到伯玲母女还在继续坚持骑行，而此时的麟麟则开心地在车后座看风景。在快到达第一休息点的时候，麟麟也终于骑上了单车。

到了第一休息点时，大队集体休整十分钟，还拍摄了骑行大合影。就在准备再次出发时，我们才发现两个孩子又精力充沛地在争抢着同一辆儿童单车。原来前一段不是有孩子骑不动，而是伯玲骑了十五分钟后就把车让了出来，但补给车没能第一时间把车送给麟麟，所以有一段时间里其实两个孩子都没能骑上车。

桐妈示意这次让孩子们自己商量解决，并约定给他们六十秒时间商量。我和伯玲妈妈默默退开了几步，桐妈则用扩音器为他们倒数。数到五十秒的时候，他们俩喊说已经商量好了：由伯玲先骑三分钟，然后给麟麟骑三十分钟。

接下来他们都自觉地遵守了约定，骑行也顺利完成了。当天晚上，桐妈第一时间表扬了伯玲和麟麟能自己面对困难和解决问题，他们俩也因此备受鼓舞。在接下来的几天中，麟麟和伯玲经常在一起玩，成了好朋友。

事后，我和伯玲妈妈都分别和孩子进行了沟通。伯玲妈妈问伯玲他们俩当时是怎么商量的，伯玲说："我建议我先骑，但我骑的时间短，只有三分钟，相信麟麟会同意，麟麟果真同意了。"我问麟麟："你当时心里是真的愿意让伯玲先骑吗？"他说："我愿意啊，可是如果伯玲是个男孩子，我肯定不会让给她的。"

我和伯玲妈妈都非常感慨，正是因为大家对教育理念的高度认同，才能默契地放手让孩子们自己解决问题，让他们有机会发现自己的潜能，带来成功的满足。

如何引导孩子面对错误

被接纳犯错，就像一剂神奇的养料，滋养着孩子的好奇心，可以帮助孩子的知识之树长得无比繁茂。

你是否有过这样的经历：小时候，因为犯了错误，被责罚或者羞辱，甚至被粗暴对待？我们的家长课堂上有一个活动叫作"错误带给我们的记忆"，这个活动的内容就是回忆小时候因为犯错误而被家长批评、羞辱的情形，以及讨论它对我们的影响。很多家长都能立刻回想起一些深深烙在记忆中的事，比如考试考砸了、忘了回家的时间、打碎家里的花瓶等事情。除此之外，家长也能回想起当自己犯了错误时，是怎样被指责、羞辱和惩罚的，以及对今天的自己又产生怎样的影响等。

我自己也有一段深刻的犯错记忆。上小学之后，父亲让我学习洗碗，并且一再叮嘱我，要小心点，别打烂了。我知道自己手笨，就小心翼翼地洗，结果有一次还是把一摞碗打烂了。父亲很心疼，那个时候，一摞碗也值不少钱呢。他冲我说了一句狠话："我看你就是故意的！你是不是以为这样以后就不用洗碗了？"我听了很委屈，也不敢反驳他。但是，从此之后我特别惧怕走进厨房，总觉得自己在厨房就会出乱子。

后来还有两次，父亲让我切菜。一进厨房，我就有一种强烈的预感，我又会犯错误，会把自己的手指给切伤。果然，我"不负己望"，有一次是切伤一个手指，另一次是一下子切伤两个手指，当场鲜血直流。当时我的第一反应不是包扎伤口，而是拼命冲洗干净灶台，掩盖现场，看能否不被父亲发现这个错误。结果，父亲对我的厨房技能彻底失望，从此再也不交任何的厨房任务给我了，这也造就了我这个"厨盲"，即便是成年后仍然是对做饭一窍不通。

当我们用指责、惩罚等方式向孩子传递关于错误的负面信息时，我们的原意是想激励孩子做得更好，但这种方式带给孩子的长期后果却是为了不犯错，从此失去了尝试某些事物的勇气。

在这样的记忆里，童年的我们会认为自己是不够好的，是无能的；对错误的认知是，错误是羞耻的、可怕的，错误会带来惩罚、嫌弃和痛苦。因为害怕被惩罚，我们决定逃避、掩盖错误，或者不敢再去尝试，或者取悦讨好别人。而这些关于错误的记忆是如此深刻，以至于会直接影响我们成年后生活中的各个重要决定，也决定了我们今天怎么看待自己孩子的错误。

如果我们能觉察到自己的模式，并且学习接纳自己犯错，我们也就能接纳孩子犯错，把犯错当作最好的学习机会。如果能做到这一点，将会是我们送给孩子无比珍贵的人生大礼。这也是正面管教倡导的一个重要的核心理论。那么家长应该如何引导孩子从错误中学习呢？

戈茵导师有一个女儿叫安安。安安今年十岁，厨艺就已是一流，特别是烘焙蛋糕的技术，堪比酒楼的点心师傅，她制作的糕点绝对是色香味俱全。

戈导说，如果不是她接纳了安安曾经的一次重大错误，安安绝不会有这样的爱好和能力。安安的故事蕴藏了戈导作为 P.D.（正面管教）妈妈娴熟运用正面管教教养工具的技巧，其处理亲子关系的案例值得大家参考。

那个错误发生在安安六岁半的时候。那天安安放学回到家，阿姨正在阳台洗衣服，她就悄悄溜进厨房，关上门，打算给家人做一个番茄炒鸡蛋。

安安从冰箱里拿出番茄、番茄酱、鸡蛋和葱，把番茄洗干净后，打着了火，把锅架在火上，然后开始切番茄。番茄切好后，她尝试着打鸡蛋，这个时候锅继续在干烧着。打第一个鸡蛋的时候，安安把蛋壳都打进了碗里；第二个鸡蛋则打到了地上，蛋黄、蛋白流了一地。这个时候，塑胶的锅耳朵被烧化，发出了刺鼻的味道……

阿姨闻到了烧焦的味道后，立刻冲进厨房，此时安安正手忙脚乱地把地上的鸡蛋往碗里捧。与此同时，锅已被烧得通红。阿姨被这样的情形吓得不轻，自然是对

安安劈头盖脸一顿骂。这时，戈导正好踏进家门。阿姨一边清理一塌糊涂的厨房，一边向戈导"控诉"。而安安则呆呆地站在厨房门口，手里还捧着半个鸡蛋黄。

戈导当然也被阿姨的描述吓了一大跳，连忙带安安去洗手间洗手。洗手时，戈导问安安："安安，你很想自己独立给妈妈做一次饭，对吗？"

安安点点头，使劲儿搓着手上的肥皂泡。

戈导继续说："妈妈猜，你也没想到差点弄出火灾来，这让你又沮丧又害怕；你的好心没有被理解，反而被阿姨骂了一顿，让你特别委屈，是不是？"安安使劲点头，眼睛瞬间红了，眼泪在眼眶里转。

戈导把安安抱进怀里，安安伤心地大哭起来。等安安平静下来，戈导郑重地对安安说："宝贝，妈妈先要谢谢你，然后，妈妈要给你道个歉。"

安安抬起头，惊讶地看着妈妈。戈导接着说："妈妈谢谢你，是因为你这么努力地想为妈妈和家里人做一道好吃的菜，妈妈看到了你的爱，这让妈妈很感动，谢谢你！妈妈知道你喜欢做饭，也知道你一直想尝试自己独立做饭。但是，妈妈从来没有教过你厨房的安全知识，用火、用气、用油要注意什么、怎样做才安全，这才导致你今天差点发生危险。妈妈做得不够，对不起！"

安安摇摇头，说："妈妈，都是我不好，我应该在做饭前先问问阿姨怎么做的。我以为我已经会了，其实不是。"

戈导继续说："今天你虽然还没做出成品，但是你从冰箱里拿出的番茄、鸡蛋、葱、番茄酱，这些都是做这道菜的必备食材。而且，妈妈看到你自己切的番茄，居然和妈妈切的一样，大小合适而且很均匀。这些事情都是很多你这个年龄的孩子做不到的呢。错误是学习的好机会，你已经学到很多东西了，对吗？"

"是啊是啊！"安安猛点头说，"我知道了，首先我要完成全部准备，在炒菜前才点火，这样就不会把锅烧坏，而且火不能太大。还有，打鸡蛋的时候要对准碗，这样鸡蛋就不会打到地上去。还有，那个大刀不好用，我用小刀也能把菜切得很好。"

　　戈导接着启发安安："那我们以后可以怎么做，既让你可以独立做饭，又确保不会发生危险呢？"

　　安安眼睛一亮，大声说："妈妈，你和阿姨可以在旁边看着我做。但是，你们只说话，不要动手，让我自己来，可以吗？"

　　戈导使劲亲了亲安安，说："这个主意真棒！走，妈妈今天就陪你去完成那个番茄炒鸡蛋。"

　　那天晚上，安安做出了第一道真正意义上完全自己独立操作的菜——番茄炒鸡蛋。戈导陪在她身边，也真正做到了"君子动口不动手"。

　　现在，十岁的安安喜欢看菜谱和做菜的视频。在不断的试错过程中，她的厨艺得到了迅速的提高。她不仅能做营养早餐，还学会了各种烘焙技巧，烤蛋糕、做饼干都不在话下。

　　我们从戈导的案例中可以发现，错误是最好的学习机会。当孩子犯错误，特别是发生重大错误的时候，恰恰是引导孩子成长的最好时刻。那家长应该如何引导孩子把错误当作学习的好机会呢？可以尝试以下四点做法。

　　做法一：和善地向孩子表达你对他犯错的同情和理解，而不是羞辱、责备或惩罚。

　　做法二：关注孩子做得好的地方，给予孩子鼓励，用启发式的问题与孩子探讨错误会带来什么样的后果，以及询问孩子可以从错误中学到什么。

　　做法三：和孩子分享自己犯错误的经验，以及自己在错误经验中学到的东西。

　　做法四：询问孩子，如果下次再遇到类似的情况，怎样才能做得更好。

　　史蒂芬·葛雷的犯错故事成了世界经典，要学习怎么处理孩子犯错，他的故事不得不读。

　　史蒂芬·葛雷是一个取得过很多重要医学成就的科学家。曾经有一个报社记者采访他，问他为什么比一般人更有创造力。他回答，这一切都与他小时候母亲给他的经验有关。有一次他尝试着从冰箱里拿一瓶牛奶，一不小心，失手把瓶子掉在地上，牛奶洒得满地都是。

他的母亲来到厨房，并没有对他大呼小叫、教训他或者惩罚他，而是对他说："哇，我几乎没有看见过这么大的牛奶坑。反正损害已经造成了，在我们清理它之前你要不要在牛奶中玩几分钟？"史蒂芬·葛雷的确这么做了。

几分钟后，他的母亲说："孩子，每次当你制造这样的混乱时，最好还是自己把它清理干净。你想怎么做呢？我们可以用海绵、毛巾或拖把。你会选择哪一种呢？"史蒂芬·葛雷选择了海绵，于是妈妈陪他一起把地面清理干净。

他的母亲又说："想一下，我们可以怎样有效地用两只小手拿稳牛奶瓶？我们可以到后院去，把瓶子装满水，然后试验如何拿稳瓶子。"史蒂芬·葛雷在试验后，告诉妈妈，如果他用双手抓住瓶子上端接近瓶嘴的地方，瓶子就不会掉下来。

史蒂芬·葛雷说，母亲的引导帮助他不害怕错误，错误只是他学习新东西的一个机会。科学实验也是如此，即使实验失败，我们还是会从中学到有价值的东西。

被接纳犯错，就像一剂神奇的养料，滋养着孩子的好奇心，可以帮助孩子的知识之树长得无比繁茂。如果孩子犯错误时，所有的父母都能像戈导和史蒂芬·葛雷的母亲一样处理，那既是孩子的幸福，也是家长的幸福。对于孩子的成长，错误就是不可或缺的空气。

所以，请记住，错误是最好的学习机会。下一次，若是你的孩子犯了错误，你不妨换个心态，甚至可以庆祝一下："太好了，我们又可以从错误中学习了！"

实践案例精选

犯错了不可怕，可怕的是不懂得从犯错中成长

国庆节假期，我们去了普吉岛，最小的两岁，最大的七十岁，一行二十多人。一路趣事不断，波折也不断，其中有一个出海时的小片段，让我记忆犹新。

我们一起坐帆船去皇帝岛。

在回程的时候，爷爷拿着相机要给孩子们拍照，两岁的墩墩看到了，也要拿过去学着拍，爷爷便给了他。墩墩拿过相机坐到了那块由粗绳网铺成的区域。此时，爷爷突然意识到一个问题，就是相机的镜头盖很有可能从绳子上脱落，从网眼掉到海里去。一旦掉下去可就是石沉大海，再也找不回来了。

于是，我老公就帮爷爷把相机从墩墩手里拿了回来，坐到了此时正在船舱里的吉祥的旁边。

很快，我们就忘了这件事。老公拿着相机左拍右拍，不知道为什么，他又走到了船舱外面的粗绳网区域。他突然一个趔趄，一屁股坐到了粗绳网上。等他起身后，他发现相机上的镜头盖已经不见了。

爷爷当然很遗憾，老公也有点内疚。我既没有责备老公，也没有安慰爷爷，而是问吉祥："刚才爸爸犯了一个错误，我们能从错误中学习到什么呢？"

吉祥答："我不知道。"

我说："刚才爷爷已经想到镜头盖可能会掉进海里，如果他提前把镜头盖收好，是不是就不会发生这件事了？"

吉祥好像想到了什么，转身去跟爷爷说："爷爷，你刚才应该提前把镜头盖收起来，这样它就不会掉下去了。"

接着我对吉祥说："没有关系，我们可以从错误中学习如何避免再发生这样的事情。"

吉祥也重复了我的话："嗯，我们可以从错误中学习。"

很多时候我们都抱着侥幸心理，直到担心的事情真的发生了才懊悔。作为家人，我不想带着指责的口吻诘问爷爷或者老公"你怎么不把镜头盖收起来"，我所希望的是所有人包括吉祥都能从这件事中学习到积极正向、关注解决问题的态度。

我相信爷爷、老公都会从中学习到如何在源头上预防问题的发生。至于吉祥，我不知道在他的内心会发生什么，但我想，只要我们都带着从错误中学习的心态，也一定有一颗这样的种子在他的内心生根发芽。

要教育好孩子，先照顾好自己

先照顾好自己，才能更好地照顾孩子和他人。

不知你有没有留意过？飞机安全演示介绍氧气面罩时总是要提醒你，如果遇到紧急情况需要使用氧气面罩的话，大人要先给自己戴好，再帮助孩子。我曾经很困惑，大多数紧急关头都是倡导先照顾老人和孩子，为什么这件事情不一样呢？我想，负责飞机安全的科研人员一定是进行过测试的。如果先顾孩子，伤亡率可能更高。所以，要先自救，才能救人。

其实，教育孩子也是一样的道理。作为家长，我们要照顾好自己，才有能力照顾好孩子。

当我们都没有照顾好自己的时候，我们不仅没办法照顾好孩子，甚至连孩子做出的很多挑战行为都可能是因为我们错误对待孩子造成的。

你有没有过这样的体验？当你心情好的时候，孩子怎么捣蛋你都能和风细雨、和善而坚定、游刃有余地应对他的挑战，并且能运用正面管教的工具，赢得孩子的合作，最后皆大欢喜。但是当你心情不好的时候，孩子只要稍稍对抗你一下，你就会无名火起，所有的正面管教、父母效能、无条件养育知识都通通不见了，对着孩子开始发火、批评、指责。要是这时候老公再来添乱，那就彻底火上浇油了，一场驭夫驭子、河东狮吼现代版便正式开演了。

我猜很多妈妈在河东狮吼之后会自责和内疚，想着下次再也不能这样了；可是，到了下一次我们还是忍不住，莫名其妙地又发脾气，于是再次自责、内疚……我们都知道，自责和内疚是最具负能量的情绪。它的反复出现会让我们失去能量和活力，陷入自我贬低的沼泽里不能自拔。

而且，孩子的哭闹，如果我们没能做到共情、倾听，后续又会引发孩子更多的情绪爆发和挑战行为。同时，由于大脑镜像神经元的作用，情绪具有很强的感染性。当我们烦躁能量低时，孩子也会烦躁能量低，而整个家庭就会因此变成一个大雷区，一点就着、火花四射，有时又变成一片死海，冰冷压抑。

怎么做才能让我们在照顾和教育孩子时，保持和善而坚定呢？这个答案就是：照顾好自己！

这也是正面管教的一个重要理念：先照顾自己，才能照顾好孩子。这个理念和我们传统的想法是不是很不同呢？你会不会觉得，这样做的家长太自私了？家里老小都需要照顾，我们哪有资格先照顾好自己，应该一切都是孩子和老人优先才对呀。听听 Amy 的故事，你就会更理解这个理念了。

Amy 有两个女儿，和公公婆婆住在一起。Amy 的工作是销售，为人特别勤奋，每天起早贪黑地努力工作，希望多挣一些钱改善家庭的经济状况。每天忙完工作，回到家她还得忙家务，但她毫无怨言，因为她也希望照顾好一家老小。

她为家庭做了很多牺牲：为了迁就孩子的兴趣班时间，Amy 牺牲了自己原来喜欢的瑜伽；为了迁就老公工作加班多，她承担了几乎所有的家务；为了迁就公公婆婆看病方便，牺牲了夫妻原来可以有的更好的住房条件……

Amy真的已经很努力，但是生活常常一地鸡毛。大女儿因为小时候养育不得法，问题特别多，小小年纪曾一度说活着没意思；小女儿常常生病，还特别黏人；公公婆婆又常常因一些鸡毛蒜皮的事批评、指责她老公，老公便更不愿意回家；更要命的是，公公婆婆也常常对她唠唠叨叨、指手画脚，埋怨她没照顾好孩子。

Amy常常感觉焦头烂额，还患上了抑郁症。因为抑郁症，有时她会整晚失眠。这种状态下的她也就更加没能力照顾好孩子了，有时候忍不住就对着孩子发火、打骂，发泄完情绪之后又特别内疚和后悔，如此恶性循环，反反复复。Amy知道不能再这样下去，便做了一个决定，狠心提出要求，要和公公婆婆分开住。但是，她的老公无法说服自己的父母。最后，在朋友的鼓励下，她鼓起了勇气，承受住了巨大的压力，把公公婆婆请出了家里，让他们回自己家住。

Amy还在我们的家长课堂上学习了一些帮助自己成长的心理学课程，开始慢慢觉察和接纳自己的状态，实在感觉不好的时候，就去享受已经重拾回来的瑜伽，暂停处理繁杂的事情。

女儿的状态也因为她教养方式的改变，变得越来越好。慢慢地，Amy自己的情绪也越来越稳定。

有一本童书叫《你的水桶加满了吗？》，书中这样写道："每个人都随身带着一个隐形的水桶。你看不见它，但它就在那儿。当水桶满满的，你感到幸福和快乐。当水桶空空的，你感到孤独和难过。"

正面管教里也有一个类似的理念，叫"爱之杯"，形象地比喻了我们爱的能力。我们每个人都有这样一个爱的能力水杯：早晨起床时，可能是满满的，经过孩子起床拖拉磨蹭、不肯上学、路上堵车、工作挫败等一系列的事情后，我们爱的能力慢慢变少；到了晚上，杯子常常就空了；带着空空的能量杯的我们，没有了爱的能力，面对很多孩子的挑战，脑中就只剩下发脾气、河东狮吼和批评指责的处理模式了。

生活不可能总是一帆风顺，那我们怎么才能有效补充自己爱的能力杯呢？

第一，我们要转变信念，真正相信"照顾好自己"才是为家人和自己负责。

易知、易行的爸爸，他可能是我生活中当中最会照顾好自己的人了。任何时候，只要他累了，倒头就能睡。他对自己喜欢的事情都很舍得花钱。

每次我们带着孩子去吃自助餐时，他一定是先给自己拿好一盘食物，自顾自地大吃起来。有时候，我会怪他怎么就没想到先给孩子拿点，即使那个时候孩子只有三四岁。他的逻辑是，他们干吗不去自己拿。

对比我自己，吃自助餐的时候，我会本能地先搜索孩子喜欢的食物，只有喂饱了孩子，我才能想起自己的需求。事实上，我发现，当我也优先考虑自己想吃什么的时候，放手让孩子自己管自己，我和孩子彼此都能更轻松。

从吃饭这件事延伸出来，我发现生活处处充满了父母可以照顾好自己的智慧：孩子晚上睡觉，用睡袋就好了，别过那种夜里起来三四次给孩子盖被子、自己却整晚睡不好的"苦日子"；孩子三岁前，用尿布就好了，别把自己折腾得不行，还妨碍了孩子自主排泄能力的形成；孩子吃饭就让他们自己吃好了，吃多吃少你管得着，吸收多少你真管不着，不要徒增你的负担……

如果你过分地把时间和精力花在孩子吃喝拉撒的事情上，大多数时候都是吃力不讨好的，结果都是自己没法照顾好自己，也没能真正照顾好孩子。

将那些时间节省下来，用来和孩子玩游戏、过亲子特殊时光，这样你和孩子的"爱之杯"就能常常续满，生活也就幸福满满。

第二，优先安排照顾好自己的事项，给自己安排特殊时光。在这个特殊时光里，你只照顾自己、宠爱自己，给自己加能量，比如练瑜伽、参加约会、去旅游等，别让琐事占据了你所有的生活。

第三，能量低的时候，你可以寻求他人的帮助，而不是委屈硬撑。硬撑的气球会爆炸，硬撑的家长会开炮。课堂中的一个家长在疲惫的时候会跟孩子和老公说："今天特别疲惫，能量杯空了，请抱抱我、亲亲我、照顾我一下吧。"适当地寻求帮助、示弱，会让家人更加理解我们，并且给他们练习照顾我们和自我独立的机会。

还有一个很好的故事，它告诉我们一个道理：照顾好自己，我就照顾好了全世界！

故事说的是一对父女在马戏团表演，父亲要把一根很长的竹竿放到前额上，女儿则要爬到竿顶。他们做这个表演时，人们就会给他们一些钱。

有一天，父亲对女儿说："亲爱的女儿，我们必须照顾好对方。你必须照顾好爸爸，我也要照顾好你，这样我们就安全了。我们的表演太危险了。"因为如果女儿摔下来，摔断了腿，他们就没有饭吃，无以为生了。

亲爱的女儿，我们必须照顾好对方。

爸爸，你应该这样说，我们每个人都要照顾好自己。

而女儿却这样说道："爸爸，你应该这样说，我们每个人都要照顾好自己，只有这样我们才能维持生计。因为在表演中你应该照顾好你自己，你也只管照顾好你自己就行了。你站得稳稳的，随时保持警惕，你这就帮了我的大忙。爬竿时我也会照顾好我自己，这样我们才能继续维持生计。"

在这本书的最后一节，跟大家分享了我最喜欢的"先照顾好自己，才能更好地照顾孩子和他人"的正面管教理念。虽然我自己在这一点上仍然做得不够好，但我也依旧真心祝福你能把自己照顾好，每天都能量满满，那么孩子的每一天也都是幸福满满。